Roger Laporte

mon "itiNéraire"

Écrit par Roger Laporte,
à Argelès-Gazost (Lau-Balagnas), 1976

Préface par Alex Clérino
à Saint-Étienne, 2025

Mon "itinéraire"
©Roger Laporte 2025

Édition : BoD · Books on Demand, 31 avenue Saint-Rémy, 57600 Forbach,
bod@bod.fr
Impression : Libri Plureos GmbH, Friedensallee 273, 22763 Hamburg
(Allemagne)

ISBN : 978-2- 8106-2919 - 0
Dépôt légal : *Mai 2025*

Mise en page/illustration: *Brunø*
Photos *Droits Réservés*

Préface

Roger Laporte ? Vous le connaissez ?

Né en 1906 à Orthez, bachelier en 1924, étudiant à la faculté de Bordeaux, il fut d'abord répétiteur puis professeur de mathématiques dans plusieurs villes : Bordeaux, Douai, Chambéry, Arras avant de terminer sa carrière au lycée Claude Fauriel à Saint-Étienne. Responsable de la résistance dans la Loire, aux côtés de Robert et Violette Maurice, responsable d'un journal clandestin diffusé à plus de dix mille exemplaires dans les départements du sud-est, il milita dans son lycée tel qu'on pourra le voir dans les écrits qui suivent.

À la demande de Jean Moulin son groupe rejoint les MUR ou "Mouvements Unis de Résistance". Roger Laporte est le chef de l'armée secrète dans le département de la Loire et il travaille avec Quittaud, Rambaud, Paret, Clozard, Vidiani, Desgranges et Lavergne qui se faisait appeler Baugé. Arrêté le 3 février 1943, au 31, rue Basses des Rives à Saint-Étienne, il fut déporté aux camps de Struthof et Dachau, libéré en avril 1945, il continua sa vie publique à travers ses mandats de conseiller municipal communiste de 1947 à 1959. Il est en cinquième position liste conduite par Dora Rivière pour la première élection en 1945 à l'Assemblée Nationale: aucun élu. Louis Vianney qui fut ensuite secrétaire général de la C.G.T, et en 1947 élève à Claude Fauriel de Roger Laporte témoigne:

« En 1947, j'étais en 4ᵉ, les grandes grèves immobilisent les mines de Saint-Étienne, du Chambon Feugerolles, de la Ricamarie, les usines de métallurgie, que ce soit dans la vallée de l'Ondaine ou celle du Gier. Deux cortèges font leur jonction à Saint-Étienne ce 29 novembre 1947, celui de la vallée du Gier défile sous les fenêtres du lycée. Roger Laporte descend de son estrade, ouvre les fenêtres et dit: c'est la France qui passe, tout le monde à la fenêtre ! »

En 1947, Claudius Buard, tête de liste communiste du P.C.F. avec Roger Laporte, assure son élection aux élections municipales face au maire sortant, Alexandre de Fraissinette. Toujours sur la liste communiste de Michel Olagnier, Roger Laporte est réélu en 1953. Fatigué il se retire petit à petit de son activité politique et part vivre dans sa région d'origine, à Argelès-Gazost.

Alors vous pourriez me poser la question : comment ces écrits de Roger Laporte, signés en 1976 dans son domicile, à Argelès-Gazost, sont parvenus entre mes mains ?

Revenons donc en arrière, en 1954. Cette année-là, celle que j'ai appelée plus tard "mon épouse préférée", Andrée Mainsel, venait de passer son baccalauréat à l'École Normale de filles de Saint-Étienne. Elle avait eu un professeur de philosophie, marxiste convaincu, Boisson, qui durant son séjour à Saint-Étienne avait réussi le concours d'inspecteur primaire et était nommé à Bourges à la rentrée 1954.

Durant ce même été, avec ses copines normaliennes, dont Mireille Fiori, convaincues que le communisme devait guider leur vie à venir, elles participent à ce qu'on a appelé un collectif, encadré par Boisson, Raymonde Quonten, une "pédagote" communiste et un professeur de mathématiques au lycée Claude Fauriel, Roger Laporte. Ce collectif, cette année-là, se tenait à Bourges, dans la villa de Boisson. J'en garde encore quelques photos de cette période d'été.

En janvier 1955, le couple Andrée Mainsel et Alex Clérino s'apprivoise et finira par le mariage le 26 décembre 1955. Cette même année, en été, un autre collectif a lieu dans le Valgodemard. J'y ai participé brièvement, à Villars-Loubière.

Ce collectif était animé, par un professeur de sciences naturelles au Lycée Claude Fauriel, à Saint-Étienne, François Bellon, autre communiste convaincu. J'ai eu comme élève au CM2, un des enfants Bellon. Lorsque la famille Bellon a emménagé à Beaulieu, je lui portais, chaque dimanche, "L'Huma Dimanche". Bien des années plus tard, j'ai retrouvé la tombe de François Bellon, au bord de la route, dans le Valgodemard.

À la suite de ces collectifs, j'ai gardé des contacts continus avec le trio Bellon/Laporte/Quonten. Ces deux derniers habitaient place Fourneyron à Saint-Étienne, de part et d'autre du monument aux morts, et avec Andrée, nous allions souvent les voir. J'y ai connu Anne-Marie et Jean Michel, les enfants de Roger. Il était remarié avec une autre professeure de Claude Fauriel : Georgette. Sans oublier nos copines Mireille Fiori, Gaby Teyssier, Gina Girardi, Yvonne Beaud, toutes enseignantes avec lesquelles, soixante-dix après, malgré des décès inhérents à nos âges respectifs, j'entretiens toujours de bonnes relations. Est-ce le souvenir de ce que nous avons vécu dans notre jeunesse, malgré le coup de massue, à Prague en 1968, qui m'a fait personnellement abandonner le P.C. ? Je ne sais, mais on reste intrinsèquement toujours fidèle à ce qui nous a marqué pour la vie, dans notre jeunesse.

Après son passage à Saint-Étienne, Roger Laporte avec son épouse Georgette et ses enfants Anne-Marie et Jean-Michel, profite de la retraite en s'installant dans une villa à Argelès-Gazost, près de Lourdes. J'avais campé avec mon épouse et mes enfants à Moliets dans les Landes et, au retour, Andrée m'avait proposé : *« si nous passions à Argelès-Gazost voir Roger ? »* D'accord, on s'y est arrêté, on a bavardé et passé la nuit dans sa maison, avant de rentrer à Saint-Étienne.

C'était dans les années 1962 ou 63, je ne sais plus et ce fut la dernière fois que j'ai côtoyé Roger.

Les années passent et il y a une demi-décennie, je bavarde avec Gina qui me tend une chemise cartonnée contenant "Mon itinéraire" de Roger Laporte en ajoutant: *« Tu vois, j'ai passé huit jours à Pau avec Georgette Laporte alors qu'elle était veuve, lis donc le texte qu'elle m'a confié; moi je n'ai pas pu aller au bout, c'est trop dur ce qu'il a vécu. Lis-le et garde-le ! »* Elle a complété son information en m'expliquant que Georgette Laporte avait fini sa vie de veuve dans un EHPAD situé en Alsace.

Après avoir lu le texte de Roger, fidèle à ce que nous avions convenu, je l'ai laissé dans un tiroir.

Alors que nous atteignons les 90 ans pour Gina, les 91 pour moi, et que nous célébrions les 80 ans de la libération d'Auschwitz, je me suis insurgé: ce n'était pas possible de laisser ce témoignage et cette plainte vieillir dans un tiroir et il fallait la publier maintenant pour réveiller nos consciences, car le "Trumpiste" triomphe depuis quelques mois et met à mal nos démocraties.

Alex Clérino
Saint-Étienne, avril 2025

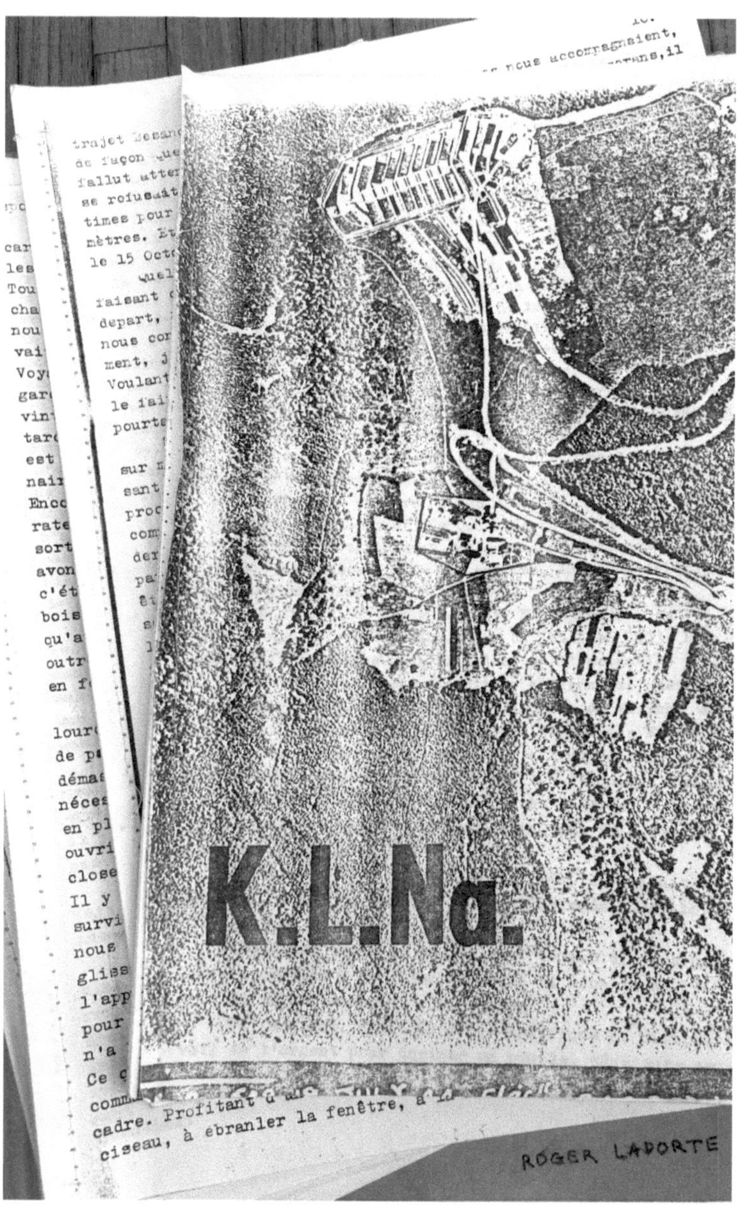

Photo de pages du tapuscrit original de Roger Laporte

Mon "itinéraire"

Je ne suis pas un écrivain. Pas davantage un historien. Mais je suis un témoin, un témoin qui a fait la guerre, connu le sort des prisonniers de guerre, s'est évadé, a fait de la Résistance.

Cinq mois durant, j'ai été pensionnaire dans les prisons allemandes ; cela s'est continué par les camps de concentration, où les chances de mourir étaient très supérieures à celles de survivre.

Mes camps ?

Le Struthof d'abord, et son terrible kommando de Kochem ; ensuite Dachau et divers kommandos.

Dès mon retour, à l'été 1945, j'ai écrit des notes pour fixer mes souvenirs.

Je l'ai fait pour que mes enfants sachent.

Je me suis tu longtemps, par pudeur peut-être, par orgueil sans doute.

« Les gens ne comprendront pas, à quoi bon écrire ? »
Voilà ce que j'ai longtemps pensé.

Si aujourd'hui je me décide à rompre le silence, c'est que j'ai peur.

Rappelez-vous ! Ce qui a permis la guerre, la dernière, ce fut le renoncement ; l'effacement des pays démocratiques devant le fascisme qui sortait son museau, puis ses griffes, enfin se déployait largement devant le monde stupéfait.

En Italie, ce fut Mussolini.

En Allemagne, ce fut Hitler. Aidé par les trusts, il devint Chancelier du Reich en 1933.
Rappelez-vous : qu'avons-nous fait ?

Qu'avons-nous fait lors de l'occupation de la Rhénanie, lors de l'Anschluss, enfin lorsque Hitler affirma ses prétentions sur la Tchécoslovaquie ?

Rien, sauf signer les accords de Munich.

Qu'avons-nous fait lorsque Franco se jeta sur la jeune République Espagnole ?

Rien, sauf décréter la non-intervention, laissant la République Espagnole seule contre les Maures et les fascistes de Franco, les avions de Hitler et Mussolini qui écrasaient les villes l'une après l'autre.

Nous nous sommes réveillés, les démocrates, lorsque Hitler porta, une fois de plus traîtreusement, le feu et la mort en Pologne.

Et encore ! Cette "drôle de guerre", la faisait-on contre les Nazis, ou bien l'orientions-nous, tant en Finlande qu'au Moyen-Orient, contre l'Union Soviétique ?

Voilà une série de démissions, toutes dictées par l'antisoviétisme, qui préludèrent à la catastrophe, à la débâcle de 1940.

Et cela recommence comme alors.

Le fascisme, c'est la force politique et militaire associée au pouvoir de l'argent pour dominer un peuple, plusieurs peuples, et pourquoi pas le monde entier, quitte à réduire par la mort ou l'esclavage tout être qui tente de résister ? Il survient le fascisme comme un dernier recours des classes dominantes, donc de la bourgeoisie, pour que se poursuivre la domination sur les classes dominées, c'est-à-dire la classe ouvrière, la paysannerie. Il traduit, le fascisme, la grande peur de la bourgeoisie devant la montée, la force par l'union, de tous les opprimés.

Il avance, le fascisme, à pas comptés, afin de n'effaroucher point.

Or, que voit-on ? En Afrique du Sud, c'est toute la race noire martyrisée.

En Rhodésie, même chose.

En Israël, n'est-ce pas désolant de voir des Juifs, qui ont particulièrement souffert du fascisme, exterminés qu'ils étaient par familles entières, frapper autour d'eux à la façon de Hitler ? Attaques brusques sans préavis, raids soudains contre des territoires neutres, Palestiniens expulsés de leur pays natal et à qui on refuse toute discussion, rien n'y manque: ce sont là des procédés fascistes.

Nous savons tous que la C.I.A. américaine est derrière, appuyant, conseillant toutes les actions. Qu'est-ce que cela change ? C'est une preuve de plus des mœurs fascistes aux U.S.A. Pour l'instant, c'est un fascisme d'exportation; en est victime toute l'Amérique latine, sans parler du Japon, de la Corée du Sud, etc.

Chose extrêmement grave, ce qui se passe en Allemagne Fédérale. Ici encore intervient l'appui des Américains, et toujours dans la même orientation. Il se pratique dans cette Allemagne le "Berufverboten", sorte de chasse aux sorcières qui interdit l'accès à diverses professions. Cet interdit va du cheminot à l'enseignant, au juge, en passant par toutes les carrières administratives. Cet interdit frappe les communistes, mais il s'étend déjà à certains socialistes. Alors que les associations nazies, néo-nazies, celles des anciens SS, jouissent de toutes leurs libertés, (droit d'association, de réunion, de manifestation, de défilé), les communistes sont traqués, leur parti est interdit.

Ce fut ainsi du temps d'Hitler, et, chez nous, du temps de Pétain. Allons-nous revoir cette ségrégation s'appliquant aux Juifs, aux Francs-Maçons, aux communistes ? Déjà la France subit la volonté allemande. Une expression de cette soumission, c'est la suppression du 8 mai comme fête nationale. S'il est une fête à conserver, c'est bien celle-là qui vit la victoire de la démocratie sur le fascisme, de la civilisation sur la barbarie. Il s'agit non seulement de la fin d'une guerre, mais également de la condamnation du système concentrationnaire. Eh bien ! Tout seul, sans consulter personne, Giscard a décidé : le 8 mai ne sera plus fête nationale !

Pourquoi ce geste ? Pour complaire au chancelier allemand !

Alors que les Allemands de l'Est ont toutes les peines du monde à obtenir l'autorisation d'entrer en France, même pour un court séjour, toutes les régions de France sont sillonnées par des Allemands de l'Ouest. Ils achètent des domaines, s'y installent, ils ont obtenu le permis de séjour.

Pourquoi ?

L'incident de ce colonel de SS Peiper n'est qu'un cas parmi des centaines d'autres. Il s'est installé en France.

Pourquoi et comment ?

Prépare-t-on une "Cinquième Colonne" ?

Les fascistes, qu'ils soient français ou allemands, ont osé incendier la baraque du camp du Struthof qui servait de base au musée de la déportation.

Autrefois, il y avait tout au bas du camp le four crématoire. Des milliers et des milliers de déportés morts y furent brûlés. Depuis 1945, il n'y avait plus de cadavres à brûler, mais subsistait ce musée pour honorer leur mémoire et perpétuer leur souvenir.

Ils l'ont brûlé.

Tout ce que la France compte d'anciens collaborateurs et de fascistes se mobilise pour effacer la honte de Pétain, pour obtenir la réhabilitation de ce traître et le retour de ses cendres au fort de Douaumont.

Le gouvernement donne son aval, puisqu'il prête sa radio et sa télévision aux porte-paroles de ces groupements. On sent que ces gens n'ont rien voulu ni apprendre, ni comprendre.

Et le gouvernement là-dedans, quel est son jeu ? Est-il d'accord, ou aveugle ?

Le chancelier allemand, Schmidt, en accord avec ses complices U.S.A., France, Angleterre, s'oppose à l'entrée des communistes dans le gouvernement italien. C'est à peine croyable, mais c'est ainsi... en 1976 !

Décidément, Berthold Brecht avait raison d'écrire ces mots: *« Le ventre est encore fécond, qui engendra la bête immonde. »*

Le fascisme est de nouveau là, qui veille, qui guette et qui attend son heure pour frapper sauvagement.

Et c'est pourquoi j'ai peur.

Je rêve à nouveau de SS, de chiens, de barbelés. Ces nuits de cauchemar sont peuplées de démons qu'il me faut combattre et exorciser.

J'ai besoin de retrouver la paix de l'âme.

Je voudrais vivre heureux dans un monde harmonieux.

C'est pourquoi j'entreprends ce travail d'écrire mes souvenirs.

On a beaucoup écrit sur la Résistance et les camps de concentration. Certains l'ont fait et le font encore par intérêt. Faire de l'argent avec des livres sur l'univers concentrationnaire. Prendre langue avec des rescapés de ces camps, obtenir d'eux des récits, des réflexions, recueillir ces récits et ces propos pour en faire un bouquin, cela ne doit pas être bien difficile quand on peut se prévaloir d'un père ou d'un oncle mort en déportation. Je n'aime pas cette littérature, je n'admets pas que l'on se serve de la souffrance et de la mort des déportés pour gagner de l'argent, se faire une réputation et asseoir son avenir dans le journalisme.

Sur le Struthof, Henri Alainmat a écrit un livre qui me parait meilleur que pas mal d'autres sur le même sujet. Au Struthof, on souffrait d'abord plus ou moins longtemps pour mourir ensuite. De sorte que je ne suis pas d'accord avec le titre de son livre : "Auschwitz en France", car à Auschwitz c'était la liquidation massive dès le débarquement pour tout arrivant âgé ou trop jeune, pour avoir un travail jugé suffisant.

Le livre qui me semble le meilleur comme récit d'expérience personnelle, c'est le docteur Ragot qui l'a écrit. Le titre de ce livre : "N.N." en abrégé dans la langue allemande soit "Nuit et Brouillard". Seulement, Ragot est arrivé à Natzweiler quatre mois après les premiers convois de juillet 43 et cela change bien des choses. De plus, Ragot était médecin, il trouva au bout de cinq mois sa place à l'infirmerie du camp, comme ensuite à Dachau et cela change tout. Il faut prendre un déporté sans rien de spécial pour apprécier. Certains trouvèrent un coin tranquille parce qu'ils savaient tricoter, c'est le cas de Poirier qui fut admis dans un kommando spécial. On y tricotait moufles, gants, chaussettes pour les kapos. Les métallos, les électriciens trouvèrent assez souvent une issue dans leur spécialité. L'essentiel, c'était de ne pas mourir avant. Mais j'y reviendrai.

Moi, je ne savais rien faire de mes mains.

La guerre

Je voudrais parler de la guerre telle que je la fis, la "drôle de guerre". Je l'ai déjà écrit, la non-intervention en Espagne, les honteux accords de Munich, furent deux jalons importants dans cette marche à la catastrophe.

Je me souviens. Nous avions, ma femme et moi, descendu à pied les gorges de la Dordogne, de Bort les Orgues à Argentat. À l'époque, il n'y avait pas de barrages sur la rivière, par contre sur le sentier beaucoup de serpents, en particulier quelques vipères. C'était une vallée sauvage. Revenus peu de jours après dans les régions civilisées, nous arrivâmes chez mon père, directeur d'usine et adjoint au maire, le 2 septembre 1939. C'est seulement le lendemain au réveil que mon père m'annonça : « *Tu sais, la guerre est déclarée. J'ai posé les affiches. Quand rejoins-tu ?* »

Les affiches, il les avait depuis la veille, mais il avait eu la discrétion et l'intelligence de n'en point parler à notre arrivée. Il ne voulait pas alourdir l'atmosphère au moment des retrouvailles.

Je pris le premier train en partance et je regagnai Arras où j'habitais et où j'enseignais à côté de Guy Mollet, lui l'anglais, moi les mathématiques. Je pris ma tenue d'officier et en route pour Toul, où se trouvait le 15ᵉ génie du chemin de fer. Toul, Vigy, puis enfin Hettange-Grande, voici mon itinéraire de guerrier sans problème, sans histoire, sauf un incident que je veux rapporter.

Dans ce gros bourg d'Hettange-Grande, j'étais le seul officier avec ma section, aussi prenais-je mes repas à la popote d'une compagnie de sapeurs divisionnaires. Entre gens du "génie", il semble qu'on devrait bien s'entendre. Eh bien ! Justement pas !

Il y avait là huit officiers, parmi le nombre il y avait bien six fascistes, ou royalistes, ou cagoulards... Que sais-je ? Peut-être le capitaine, qui avait fait la guerre de 14-18, s'y était-il comporté honorablement mais pour l'heure ce n'était pas le cas. À la moindre alerte, il se ruait vers l'abri, manquant une fois de me jeter à terre dans sa hâte de se protéger. Il exigea de moi que je porte le casque en permanence à portée de la main ; ce que je ne faisais pas, bien entendu sauf quand j'allais prendre mes repas chez lui, chez eux. À table se tenaient des propos défaitistes : la République, pour certains, c'était toujours "la Gueuse" quant à Gamelin, c'était, paraît-il, "un incapable". Quand j'entendis ça, je me levais : « *Excusez-moi, mon capitaine, mais jusqu'à nouvel ordre, Gamelin est toujours général en chef. Il conviendrait ici, de parler de lui autrement.* »

Et je sortis. Je n'y suis plus jamais revenu, préférant partager le repas de l'ordinaire avec Jean Choquet, mon sergent-chef, devenu mon ami. J'ai cité cet incident parce que, par la suite, il m'a donné à réfléchir. Si toute l'armée française était commandée à l'image de cette compagnie, on pouvait s'attendre au pire. Et en effet, trois semaines plus tard, c'était la débâcle, une débandade au milieu d'une cohue indescriptible. Depuis deux ans, l'avait-on assez crié :
« *Plutôt Hitler que le Front Populaire !* »

Eh bien, c'était tout à fait ça, on n'avait plus le Front Populaire, mais on avait Hitler. Et l'avenir devait prouver que nous perdions au change.

Pris comme un poisson dans une nasse, je me suis retrouvé prisonnier avec mes hommes. Et nous n'étions pas les seuls à être ramenés et rassemblés sur la place de Pontarlier.

Prisonnier de guerre

Pontarlier, Besançon, Mulhouse, Colmar, telle fut la progression fractionnée de mes premiers mois de prisonniers. Le 6 août 1940 au soir, près d'un millier d'officiers se trouvaient rassemblés dans une grande caserne de Colmar. J'avais été pris le 17 juin. Je ne regrette pas d'avoir été prisonnier de guerre. Pendant les trois mois que je l'ai été, j'ai appris bien des choses que je ne risquais pas d'apprendre dans la "drôle de guerre". J'étais confronté à une foule de gens, la plupart d'un grade supérieur au mien. Il fallut se supporter. Je sais maintenant que je puis m'adapter aux situations les plus imprévues, les plus déconcertantes.

J'ai eu faim, car de trois jours nous ne reçûmes aucune nourriture.

Privé de liberté, j'en ai mesuré le prix.

J'étais consterné par cette défaite, sidéré par l'attitude de Pétain, à un point tel que je crus un moment à un double jeu. C'est du reste cette conviction qui m'empêcha de s'évader dès le début. Rien de plus facile, les premiers jours, que de fausser compagnie à nos gardiens : ils sont si peu et la colonne de prisonniers est si longue... Et puis après l'armistice vient la paix.

Alors, s'évader, pour quoi faire ? Pourquoi prendre le moindre risque ? Et puis, où aller ? À l'époque, privés de nouvelles, nous pensions que la France entière était occupée. Ainsi, attendant la libération par la paix signée, je me suis installé dans la captivité. Des tournois d'échecs, des tournois de bridge avaient été organisés avec les moyens du bord. J'y participais. Je faisais du volley avec quelques autres sportifs. J'aurais peu à peu participé à toutes les activités collectives du camp.

À vrai dire, je n'étais pas tellement malheureux. Des bruits couraient, annonçant la libération prochaine par catégorie : les policiers d'abord, puis ce seraient les cheminots, les anciens combattants de 14-18, les enseignants... Tout le monde quoi ! Mais ces promesses étaient toujours reportées. Alors l'idée germa dans mon esprit que nous étions floués, abandonnés, que Pétain nous avait trahis.

Dès lors, je cherchais à m'évader.

Première évasion

C'est avec le lieutenant Reboul que fut tentée cette évasion. Reboul était dans le civil Juge au tribunal de Tarbes, et il entendait plutôt mal. Enfin avec lui, nous franchîmes la clôture du camp, nous passâmes sous les barbelés sans éveiller l'attention des sentinelles postées autour du camp, et vive la liberté ! Dire l'allégresse d'un homme qui vient de retrouver sa liberté perdue m'est impossible tant elle est immense. Nous avions des ailes !

Nous éloignant de Colmar, nous nous sommes dirigés vers les Vosges, dont les contours étaient parfaitement dessinés dans le lointain. Traverser l'Alsace fut un problème plus ardu que prévu. La région était truffée de gardes, quadrillée dans tous les sens. Chaque carrefour, chaque pont sur route ou sur voie ferrée était surveillée jour et nuit. Chaque passage à niveau, chaque point important était gardé. C'est miracle si nous sommes parvenus à sortir de ce guêpier. Nous avons cependant réussi, et le 14 août, en pleine nuit, nous avons franchi la frontière séparant l'Alsace de la France.

Que les Alsaciens courageux de Masevaux qui nous aidèrent dans ce passage soient remerciés. Malheureusement, j'ai appris plus tard que l'Alsacien qui nous avait reçus chez lui et si efficacement aidés, était mort. Mobilisé de force dans l'armée allemande, il avait été tué à la guerre contre les Russes. Lui qui avait fait passer plusieurs dizaines de prisonniers évadés n'a pas voulu fuir sa ferme, son village, de crainte de représailles qui se seraient exercées contre sa femme et ses enfants.

Nous voilà donc en France occupée. Nous avons contourné Belfort par le Lepuix-Gy, traversé la Haute-Saône, effleurant les communes d'Échavanne et de Chenebier.

Nous marchions dans les bois, fouettés par les branches, lacérés par les ronces, évitant les villages. Nous avancions à pied, dormant ici ou là, à la belle étoile. Reboul ne voulait avoir aucun contact avec les gens, il se méfiait et je me voyais tenu de rester avec lui. Le 16 août, près du village de Mélecey, Reboul reconnut dans un champ plusieurs soldats de sa section. Faits prisonniers, ils étaient là, aidant les paysans à leur moisson. Nous avons parlé avec eux et nous avons accepté de coucher au village. Le maire lui-même est venu nous faire visite. Ce fut notre dernière nuit de liberté.

Le lendemain, sur la route de Clairval, nous avons été interceptés par une voiture pleine de soldats. Nous avions déjà évité deux patrouilles, l'une à pied, l'autre à cheval, mais cette voiture surgissant brusquement d'un virage nous surprit, nous tomba dessus et il fallut se rendre. Sûrement quelque indiscrétion, quelques bavardages avaient éveillé l'attention des Allemands. Cette route, nous avait-on assuré, ne voyait jamais passer une patrouille.

Eh bien ! pour une route déserte, nous étions servis ! Nous avons quand même connu dix jours de liberté !

Deuxième évasion

Arrêtés le 17 août au matin, nous avons été ramenés à Montbéliard pour un interrogatoire serré. Un premier, subi à l'Isle-sur-le-Doubs, n'était rien, comparé à l'autre. À Montbéliard, c'est un capitaine portant monocle qui nous interrogea. Il écouta mon récit d'un air distrait. Visiblement, il ne croyait rien de mes laborieux mensonges. Vint le tour de Reboul. Comme moi, il déclina sa profession : juge au tribunal de Tarbes.

« Comment ? Vous êtes juge ? Je le suis aussi dans le civil ! » s'exclama l'officier allemand. Dès lors, l'interrogatoire tourna à la conversation détendue, presque amicale. Cela ne nous empêcha pas d'être conduits à la caserne Bougenel, à Belfort, comme prisonniers.

Il faut savoir qu'un prisonnier évadé, repris, ne rêve plus qu'à recommencer. À la caserne Bougenel, il y avait un fort contingent de Républicains espagnols. Certains parlaient français, et je liais amitié avec eux. Ils étaient relativement peu surveillés. Comment croire que des Espagnols songent à s'évader ? Pour aller où ?

En Espagne ? Pas question !

En France ? Ils y avaient été si mal reçus ! Parqués dans des camps !

Un jour, me mêlant à un groupe d'Espagnols chargés du déblaiement d'un ancien dépôt, je partis avec eux. Sur le chantier, la surveillance était très lâche et je m'évadais, et puis, au bout de deux cents mètres, je revins sur mes pas, réjoui. C'était si facile de s'évader qu'il fallait en faire profiter à d'autres camarades.

Hélas ! Il n'y eut pas de lendemain.

Revenu à la caserne avec les Espagnols, je me rendais au bâtiment des officiers lorsque j'aperçus Reboul encadré par deux soldats. Je m'approchai et lui dis :
« Que t'arrive-t-il ? »

Je n'avais pas terminé que je me vois harponné par les deux "posten" et conduit au poste de commandement avec Reboul. Il eut à m'expliquer la chose : depuis huit heures du matin, une commission d'officiers et d'agents de la Gestapo était arrivée au camp. Elle opérait un contrôle des officiers, prenait leur argent. Dès huit heures donc, on s'aperçut de mon absence. La fouille générale devint plus tatillonne, l'atmosphère plus tendue. Un haut-parleur que je ne pouvais entendre avait hurlé toute la journée :
« Le lieutenant Laporte est sommé de retourner au bloc des officiers. »

Au poste d'entrée, je ne pus m'empêcher de rire. La situation était cocasse en effet.

Le chef de poste engueulait Reboul :
« Oui, vous êtes arrivé ici avec Laporte dans des conditions suspectes, et voilà qu'il s'évade ! »

Riant franchement, je dis :
*« Mais je ne suis pas évadé, je suis là !
– Quoi ? »*

La stupéfaction se mélangeait avec l'indignation de me voir rire et la satisfaction de m'avoir récupéré.

« Vous riez maintenant, me dit-il, mais en bas, devant la Gestapo, vous ne rirez peut-être pas ! »

Flanqué de deux gardes, me voilà parti m'expliquer avec la Gestapo. La commission de contrôle siégeait dans une pièce du bâtiment réservé aux officiers. Elle considérait mon évasion comme un fait acquis. Aussi fut-elle à la fois stupéfaite et satisfaite de me savoir de retour. Là, il me fallut jouer plus serré :
« Mais où étiez-vous donc ?
– Parti travailler avec les Espagnols.
– Comment, vous, un officier, vous allez travailler avec les Espagnols ? Mais alors vous êtes payé ?
– Jamais de la vie !
– Alors, pourquoi ? »

C'est alors que je jouais une comédie qui eut un plein succès :
« Pourquoi ? ai-je répliqué. Savez-vous que depuis trois mois je suis sans nouvelles de ma famille ? Savez-vous qu'ici, hors les cartes, il n'y a aucune distraction valable pour les officiers ? Aussi, plutôt que de tourner en rond, je préfère sortir et aller travailler. »

J'avais presque les larmes aux yeux, tellement je me prenais à mon jeu. Et, pendant un instant, l'atmosphère se détendit.

Restait à résoudre la question de l'argent. Sachant que la commission enlevait l'argent, j'avais semé mon portefeuille bien en vue d'un officier vétérinaire que je croisais en allant vers le contrôle. Je le fis à la barbe de mes escorteurs. Cependant la commission voulait mon portefeuille et l'argent que j'avais. Moi, par contre, je voulais conserver une partie de cet argent. On ne sait jamais ! Des soldats revinrent de ma chambre fouillée de fond en comble, bredouilles !

« *On l'aura peut-être volé ?* » dis-je.

Alors les vociférations reprirent:
« Volé ? Volé par qui ? Nos soldats ne volent pas ! »

J'avais eu le temps de réfléchir. Ce portefeuille, il fallait le montrer coûte que coûte.

« *Écoutez,* dis-je, *hier soir j'ai joué au bridge, j'ai perdu, j'ai payé. Sans doute ai-je oublié mon portefeuille là-haut. Si vous voulez, avec votre permission, je vais aller voir.* »

Je grimpai les escaliers quatre à quatre. Mon vétérinaire était revenu du réfectoire où il avait camouflé mon portefeuille. Prenant mes jambes à mon cou, je courus jusqu'au réfectoire. En route je croisais le sous-officier chef de poste que mon rire avait scandalisé peu auparavant.

« *Comment, encore vous ?* »

Il prétendait me ramener à la commission. Je l'eus à l'intimidation:
« *Ce sont les officiers qui m'ont envoyé chercher mon portefeuille, alors si vous le prenez sur vous, je vous suis.* »

Et il me laissa filer. Au réfectoire, je retrouvais mon portefeuille camouflé derrière une glace. Je le pris, en retirai mille cinq cents francs, et aussi vite que je pus je retournais au contrôle.
« *Voilà tout ce que j'ai* » dis-je.

Ils se laissèrent berner car l'essentiel pour eux n'était-il pas d'avoir récupéré l'officier présumé évadé ?

On me fit un reçu sur un papier rose de quarante centimètres de long et trois de large. Et pour terminer :

« *Désormais vous mettrez ceci* », me dit un officier. Il me tendit alors une capote de capitaine ainsi que le képi assorti. Le capitaine en question devait être long et fort : sa capote me descendait aux chevilles et le képi me tombait sur les yeux.

« *Vous irez à l'appel comme ça* », ajouta-t-il d'une voix goguenarde. Ainsi se termina ma seconde évasion, avortée dans l'œuf.

Troisième évasion, réussie celle-là !

Après la fin inattendue de ma seconde évasion, la vie du camp reprit à Bougenel, mais je compris qu'il fallait m'évader le plus tôt possible, sinon je n'y couperais pas du camp disciplinaire. Il fallait réussir. Je ne vivais plus qu'avec cette idée en tête. Reboul était resté à l'infirmerie où on l'avait conduit après son escapade. Je fis équipe avec un jeune officier d'active, et chaque jour nous montions sur les toits des bâtiments pour examiner le terrain. Nous nous entraînions physiquement avec beaucoup de sérieux. Nous avions trouvé une corde, rafistolé une échelle et le jour vint, tant attendu : c'était le 26 septembre. Il faisait une nuit sans lune et, depuis trois jours, il pleuvait sur toute la région. Temps idéal pour s'enfuir ! Passant le mur à minuit, nous avons pu prendre le train pour Besançon. Là, nous avons trouvé une filière pour les évasions. Tout cela paraît simple à dire, mais à faire c'est autre chose, quand il y a des soldats de garde à chaque entrée, à chaque sortie de gare. Bien planqués dans une maison tranquille, nous avons attendu cinq ou six jours pour établir une fausse identité, puis ce fut le trajet Besançon-Dôle-Augerans. Trois jeunes femmes nous accompagnaient de façon à ce que nous ayons l'air de couples amoureux. Rendus à Augerans, il fallut attendre encore car la crue de la Loue était telle que le passeur se refusait à passer. Enfin le jour vint, la nuit plutôt, où nous partîmes pour traverser la Loue sur plusieurs kilomètres. Et nous voilà enfin rendus en zone libre. Ce devait être vers le 15 octobre.

Quels braves gens, ces gens de Besançon ! En quelques heures, en nous faisant confiance, ils nous ont trouvé un refuge sûr.

Là, jusqu'à notre départ, nous fûmes hébergés, entourés, munis de faux papiers et une voiture nous conduisit jusqu'à Augerans, tout cela sans bourse déliée. Heureusement, j'avais soustrait mille cinq cents francs au contrôle de la Gestapo, à Bougenel. Voulant absolument aider ces braves gens, je dus le faire au moyen d'une enveloppe, car ces gens de la rue Bersot n'étaient pourtant pas riches.

Si c'était dans ce texte, mon propos, il y aurait une foule de choses à raconter sur mon séjour à Bougenel, sur mes amis républicains espagnols qui, faisant le guet, me donnèrent les heures de relève des sentinelles ; ils me procurèrent aussi des effets civils pour pouvoir m'évader.

Mon propos, c'est de faire comprendre par quel chemin je suis venu à la Résistance.

Du reste, s'évader, c'était déjà faire acte de Résistance !

Les Allemands ? J'en avais par-dessus la tête après quatre mois de fréquentation !

Au surplus, sans être raciste, je n'aime pas ces gens-là car ils sont arrogants quand ils sont les plus forts, mais d'une platitude servile quand ils ont trouvé leur maître. Leur manière de vivre ne me plaisait pas. Ils sont faits, me semble-t-il, pour être encadrés. Et je vis la mise à sac que subissait la France, même la France dite "libre", je me sentis tout hérissé.

Mais d'abord, arrivons à mon point de chute : Guéret. Dès mon arrivée, je me présente au service de la place et j'explique ma situation :

« Pas question pour moi de rentrer à Arras. Pas question non plus d'être démobilisé avant d'avoir retrouvé un poste d'enseignement. »

Stupéfait, j'entends déclarer par l'officier de service :
« Monsieur, l'armistice est signé depuis le mois de Juin. Dans ces conditions les prisonniers de guerre n'ont plus le droit de s'évader.
– Ce n'est pas mon avis », répliquai-je.

Que pouvait-il faire ? Il m'envoya à une compagnie de travailleurs à Bourganeuf. Une compagnie où ne travaillait guère, composée de gens repliés, certains du Nord, d'autres des Ardennes, qui ne voulaient pas rentrer chez eux.

Un premier contact à Guéret avec un officier de l'armée française m'avait laissé une pénible impression. Du reste, il fallut vite me rendre à l'évidence, tant d'officiers emboitaient le pas à Pétain.

À Bourganeuf, j'en eus la confirmation. Je ne sais pas comment le capitaine de ma compagnie avait retrouvé ma trace et m'avait écrit. Il me félicitait et me demandait un rapport sur mon évasion ainsi que des comptes sur l'argent qu'il m'avait remis lorsque ma section fut abandonnée par le reste de la compagnie. Je fis donc le rapport détaillé de ma détention, de l'utilisation de l'argent reçu et de mon évasion. Je soulignais l'aide assez remarquable fournie par les Bisontins.

Je donnais le nom et l'adresse des gens qui m'avait hébergé. Le rapport tapé à la machine, je le soumis à l'examen de mon capitaine à Bourganeuf.

Il buta sur le nom et l'adresse que je donnais à Besançon et me dit :

« Savez-vous que vous risquez d'attirer de gros ennuis à ces gens-là ? »

Et comme je ne comprenais pas, il poursuivit :

« L'armée est composée de toutes sortes de gens. Une bonne partie de l'encadrement suit Pétain. Certains sont même franchement hitlériens. Si donc ce rapport tombe sous leurs yeux, vous imaginez la suite ! »

Je racontais à ce brave capitaine l'accueil reçu à Guéret.

« Vous voyez ! » s'écria-t-il. Je le remerciai et supprimai dans mon rapport toute indication pouvant nuire aux braves gens qui nous avaient aidés.

Entre temps, j'avais demandé et obtenu une permission pour rencontrer ma famille. Anne-Marie, ma fille était chez sa grand-mère à Roche, en Creuse. Là j'appris que ma femme avait rejoint son poste à Arras. La prévenir d'urgence fut ma première pensée. Il ne fallait pas que les Allemands la mettent en prison, en représailles de mon évasion. En outre, j'avais appris que la ligne de démarcation coupait en deux le village où mon père dirigeait une papeterie. Pour m'y rendre, le pris le train et je gagnai Agen ; là je pris un autobus qui me conduisit à Lerm-et-Musset où je passais la nuit.

Le lendemain je pris à travers bois afin de rejoindre le Ciron, de descendre son cours jusqu'à la papeterie. Elle était la seule du village à avoir une route particulière qui s'enfonçait en zone libre sur près d'un kilomètre.

L'étonnement heureux de mes parents quand ils me virent, moi plutôt dépenaillé, maigre, mal rasé mais présent, est vraiment difficile à dire. Je n'avais pu leur donner la moindre nouvelle et brusquement j'étais là. J'étais heureux, tout le reste de la famille se portait bien, mon frère malheureusement était prisonnier.

Nous aurions pu passer des semaines durant, mais je ne pouvais m'attarder, toujours question de sécurité. Les Allemands avaient droit de contrôle sur l'usine, ils pouvaient venir à tout instant. Il suffisait de quelque bavardage pour attirer sur mes parents la vindicte de ces gens-là.

Je pus faire passer à ma femme un télégramme libellé comme suit :
« Grand-mère décédée. Enterrement lundi. Roger sera là. »

Ma femme comprit ce message, je la vis arriver à Bourganeuf peu de jours après mon retour dans cette ville.

En effet, le lendemain matin, je quittai mes parents, je repris la route des bois, et arrivé sur la route qui rejoint Lerm-et-Musset, j'attendis le camion de la papeterie qui, après avoir franchi sans moi les postes de garde allemands, devait me ramener à Agen.

Par la suite, je reçus des échos de mon passage à Beaulac. Il y a eu des fuites, la Feldgendarmerie a été prévenue. Des Allemands sont venus interroger mon père, puis ma mère, séparément : mon père à la mairie, ma mère à la maison. Ils n'avaient pu se concerter et leurs déclarations furent un peu contradictoires. Ce qui les servit et les tira d'affaire, c'est que j'avais mon frère, prisonnier comme moi, lieutenant comme moi, un frère dont ils purent montrer la carte reçue tout récemment de l'Oflag VI A, où il se trouvait.

Le délateur avait omis de préciser le prénom ; celui de mon frère est Jean, mais les Allemands l'ignoraient et ils durent se rendre à l'évidence : le fils Laporte était toujours prisonnier en Allemagne. Cet incident n'est sans doute pas étranger au fait que mon père passa rapidement la main. Il n'avait que soixante-trois ans mais il laissa la direction de l'usine à son beau-frère et se retira dans une petite propriété à l'écart de la route et en plein bois, quoique toujours sur le territoire de Beaulac.

C'est à Saint-Étienne que les hasards des nominations me conduisirent. Sitôt installés, je m'employai à prévenir ma femme qui put me rejoindre début décembre. De longs mois furent occupés à trouver un logement, à faire toutes les inscriptions nécessaires à faire revenir notre mobilier d'Arras. À ce moment, notre deuxième enfant était déjà en route et il fallait que ma femme s'alimente. Le médecin prescrivit nombre de fortifiants et de suppléments. Puis, quand l'enfant, un garçon, fut né, nous eûmes droit pour lui à des boîtes de lait en poudre, à du sucre.

Finalement, cette naissance, qui dans des circonstances données aurait pu être une catastrophe, fut tout à fait bénéfique pour nous. L'enfant tétait sa mère, et tous les suppléments, c'est nous qui les mangions. Il faut dire que nous étions arrivés à Saint-Étienne sans y connaître personne et que le rationnement était extrêmement sévère. Beaucoup de personnes dans notre cas souffrirent durement des restrictions, certaines en sont mortes.

La Résistance

En dehors de mon travail au Lycée, que faire ? Les péripéties de mon évasion étaient connues, si bien qu'un jour je fus contacté par la Résistance. J'entrais au Comité Directeur d'un nouveau mouvement appelé "93". Il y eut un journal "93" avec plusieurs tirages de dix mille exemplaires et plus. Certains atteignirent Marseille, Grenoble, Valence, Guéret, Montluçon, et bien entendu le Lyonnais, le Forez, l'Ardèche et même le Gard qui furent peu ou prou alimentés en journaux "93". Rassembler les documents, renseignements, coupures de presse clandestine, cela me concernait et je rédigeais le texte du journal. L'éditorial venait presque toujours tout rédigé. Le journal était prêt pour l'imprimerie. J'ignorais qui était l'imprimeur, j'ignorais la personne qui lui remettrait le texte à tirer. Simplement, deux ou trois jours après, je recevais mon paquet de journaux à diffuser.

À part la rédaction du "93" et une reconnaissance pour un parachutage éventuel du côté de Saint-Genest-Malifaux, mon activité se borna à entraîner quelques élèves parmi les plus âgés. J'avais entre les mains une mitraillette. Bien sûr, il n'était pas question de tirer avec, mais les jeunes durent apprendre à monter, démonter et nettoyer l'engin. J'espère qu'ils s'en sont servi par la suite !

Tant que le mouvement "93" demeura autonome, il n'y eut aucune arrestation dans le groupe. Lorsque le 11 novembre, les Allemands occupèrent le pays tout entier, le mouvement comptait alors six cents membres, dont une centaine au Lycée.

Les renseignements arrivaient d'un peu partout, de la France occupée surtout, des journaux clandestins qui y circulaient, de Londres parfois.

Je sais qu'avec certains gendarmes il y avait des accommodements, mais du jour où tout le pays fut occupé les choses changèrent, elles devinrent autrement sérieuses, et je pourrais citer plusieurs abandons. Il y eut des jours sombres, des camarades arrêtés, certains tués. Il y eut aussi les jours de liesse lorsqu'un attentat ou un sabotage était réussi, en zone occupée surtout. Plus tard, lorsque les Anglais et les Soviétiques remportaient leurs premiers succès, quelle joie !

Stalingrad, Koursk, la Tunisie, l'Italie, autant de victoires que je n'ai pu connaître qu'avec un grand recul : j'étais déjà enfermé puis déporté depuis plusieurs mois.

En octobre 42, sous l'impulsion de Jean Moulin, on recherchait l'unification des mouvements de résistance et j'entrais en contact avec Paret, Quittaud, Closard et un responsable du P.C.F. Puis arriva Baugé – de son vrai nom Lavergne – manifestement un homme de droite, anticommuniste mais encore plus antinazi. Certains contacts avaient lieu ici à Saint-Étienne, d'autres à Lyon. Voyant que les choses prenaient une ampleur imprévue, je me mis en quête d'une chambre éloignée de la maison dans laquelle j'habitais avec ma femme et mes deux enfants. J'avais peur pour eux.

La Résistance s'organisait peu à peu pour former le M.U.R. (Mouvements d'Unis de la Résistance). Le M.U.R. devait comprendre trois compartiments bien cloisonnés : le renseignement, les opérations, la propagande, d'où R.O.P. en abrégé. Tel était le schéma proposé par Baugé. La façon de travailler de Baugé ne me plaisait pas beaucoup. Parce qu'il avait eu une chance insolente, il ne prenait pratiquement aucune précaution. Un exemple : j'avais été désigné comme chef de l'Armée

Secrète (A.S.) pour les opérations dans la Loire. Bien que j'aie refusé cette responsabilité, elle me resta cependant jusqu'au jour de mon arrestation.

Afin de constituer le noyau qui devait encadrer cette A.S., Baugé me demanda un rendez-vous pour le lundi 22 janvier. J'écarte ma famille et j'attends. L'heure passe de dix bonnes minutes, on sonne à ma porte. J'ouvre et que vois-je ? Six personnes sur le palier devant ma porte. Les faisant entrer, je me retourne et, furieux, je leur dis :
« J'ai cru qu'on venait m'arrêter ! »

Et j'ajoutais à l'adresse de Baugé :
« Votre façon de procéder est inadmissible. Se balader à six, c'est insensé ! Du reste, ma maison ne sera plus mêlée à la Résistance. Mes contacts, je les aurais ailleurs ».

Naturellement, je refusais de dire que c'était rue Élysée Reclus, tant j'étais méfiant par une telle désinvolture. Avec Baugé, il y avait Vidiani, Malecot et trois autres personnes.

De cette réunion sortit la décision de réunir le 3 février au soir tous les responsables de tous les mouvements, des diverses activités de la Résistance. La réunion eut lieu chez Paret, 32 rue Basses des Rives. Il y eut 16 convocations lancées, heureusement huit seulement y répondirent. Convoqués pour établir l'A.S. sur des bases solides, les responsables des divers mouvements de Résistance étaient là. Le P.C.F. se méfiant, n'avait envoyé personne.

À 20h30, le travail commença. J'avais une carte sur la table en face de moi et je notais les points intéressants pour une action éventuelle: locaux de la Gestapo, des organismes à son service (P.P.F. - L.V.F. - Recrutement du S.T.O. - Légion, etc.) Déjà, nous avions noté les points névralgiques: ponts, aiguillages de voies ferrées, viaducs. Nous avions recensé la Manufacture d'Armes comme un dépôt d'armes intéressant, d'explosifs. Il serait possible de se l'approprier. C'est à ce moment-là que la sonnette retentit. À Paret qui allait aux renseignements, on répondit: « *De la part de Baugé* ».

Nous étions surpris, car ce soir-là nous n'attendions personne, pas plus Baugé qu'un autre. Paret cependant entrouvre la porte. Aussitôt, dans un grand fracas, ce fut un jaillissement de soldats, de gendarmes allemands. Plus ceux qui se tenaient à chaque angle dans les escaliers, ils étaient bien une dizaine. Mitraillette au poing, ils se ruèrent sur nous, nous neutralisant et nous emmenèrent tous, y compris Madame Paret, à l'interrogatoire, d'abord à la caserne Rullière. Quand vint mon tour:
« Tes papiers !
– Les voilà.
– Ah, tu t'appelles Laporte ! Et l'A.S. tu connais ? »

Avant même d'avoir achevé cette question, un formidable coup de poing au plexus et un beau crochet à la face m'envoyèrent à terre. Pour les autres, je ne sais pas. On nous emmena à la caserne Grouchy, toujours à Saint-Étienne; là on nous enferma dans le local servant de prison. On nous avait tout pris, sauf les lunettes, les alliances et les vêtements que nous portions.

Montluc

Le 6 février, on nous emmena à Lyon, au fort Montluc. Les mains liées dans le dos, c'est particulièrement incommode pour s'asseoir, aussi est-ce avec soulagement que je parvins au but. Depuis plus de cinquante heures, nous n'avions rien mangé ni bu.

La première nuit, je partageai ma cellule avec Vidiani, ce qui nous permit de bavarder. Le lendemain, je fus enfermé seul dans une cellule et la vie commença. Rien à lire, rien à voir, rien à faire. Le froid, la faim, la crasse, la vermine. Pas de linge, pas de savon, pas de rasoir. Rien. Le matin, dans un grand fracas de serrure, la porte s'ouvrait. Nous prenions la tinette qui nous servait pour nos besoins, et tous en file nous descendions dans la cour pour la vider, et nous laver. Il y avait de l'eau. Défense de parler, mais on se passait quelques nouvelles.

Chaque jour arrivait un nouveau détenu. Par lui, nous apprenions les événements récents. Ceci se passait pendant la ronde autour de la cour. Il y a toujours moyen de bavarder. La demi-heure achevée, nous rentrions en cellule jusqu'au lendemain. La porte s'ouvrait trois fois: vers neuf heures pour une sorte de café, vers midi pour une soupe plus que légère et le soir pour un repas plus copieux: trois cents grammes de pain, un peu de margarine, une tranche de saucisson ou de pâré. En quelques jours, nous avions tous la mine patibulaire de vieux clochards endurcis, sales, barbus, répugnants.

Le cinquième jour, j'eus une vraie chance. La porte s'ouvre à une heure inaccoutumée, celle de mon voisin est déjà ouverte. Dans un français approximatif, un sergent me demande:
« Voulez-vous aller avec lui ? » et il montre mon voisin de cellule.

« Bien sûr, pourquoi pas ? »

Nous voilà installés dans une cellule plus vaste, face aux cuisines. Mon compagnon s'appelle Cohen, il est journaliste. Juif, né en Algérie, il se lamente sur son sort et celui de sa famille, car il sait le sort réservé aux Juifs par Hitler. Il pleure, je l'écoute, je l'encourage et le décide à parler d'autre chose. Sur son métier, il était intarissable. Il m'apprit des tas de choses sur la presse et les libertés qu'elle prend avec la vérité. Tel journal n'avait-il pas publié le récit de la réception et le discours d'accueil pour Nungesser et Coli à leur arrivée en Amérique ? Or, chacun sait qu'ils n'y sont jamais arrivés. Mais être le premier sur l'évènement, quitte parfois à le devancer, c'était cela le journalisme pour certains. C'est ainsi que Deschanel, président de la République, se rendant dans l'Ain, tomba du train et n'arriva jamais à destination. N'empêche qu'un journal publiait le lendemain son discours qui ne fut jamais prononcé, et pour cause. Bref, de bavardages en bavardages, Cohen reprit son équilibre.

Le lendemain, un gardien ouvre notre cellule et nous met un balai entre les mains. Il faut balayer les couloirs, les escaliers. Les autres détenus sont descendus, il est possible de pénétrer dans les cellules. J'ai pu mesurer la détresse des femmes qui, moins que les hommes, supportaient la crasse et le manque total de soins corporels. Pendant l'heure où je circulais librement à notre étage, j'ai pu faire circuler des nouvelles, glisser tel ou tel journal d'une cellule à l'autre. Je pouvais voir les camarades. C'est ainsi que, conduit dans la cellule de Lagrange qui pleurait sur sa femme et sur lui, je réussis à le consoler. Il m'arrivait de passer un morceau de pain trouvé dans une cellule vide à un détenu affamé.

Moi-même je recevais un supplément de nourriture. La vie aurait pu continuer ainsi, elle était presque supportable. Mais voilà qu'un jour je fus requis, avec Cohen, pour une besogne assez dégoutante. Remontant en hâte dans ma cellule, je me couchais et me prétendis malade. Ce refus me valut de retourner dans une cellule encore plus froide que la première. Mais pendant cet intermède je m'étais procuré un crayon et des rouleaux de papier destinés à la désinfection des locaux, il y en avait grand besoin ! Avec ce crayon, je pus écrire, échanger avec Rambaud, professeur de maths lui aussi. Vînt l'heure des interrogatoires. Cela commença par Paret, puis ce fut Vidiani. Je fus l'un des derniers de notre affaire à être appelé. Je n'étais pas fier, car chef de l'A.S. je pouvais être fusillé. Aussi décidais-je de nier. Effectivement l'instructeur me lança :

« Vous êtes chef de l'Armée Secrète ! »

J'ai nié. On m'a frappé. J'ai nié encore. Je m'en suis tiré en acceptant mes responsabilités dans le mouvement "93". Là encore, chef présumé de ce mouvement, on me demanda des noms. Heureusement, je connaissais un résistant qui, arrêté par la police française, avait réussi à s'enfuir. Il avait quitté Saint-Étienne avec sa famille, se sachant recherché et traqué. Je donnai son adresse à Saint-Étienne. Enfin je me tirais des griffes de la Gestapo en criant plus fort qu'eux :

« Mais enfin, vous vous figurez que je connais toute la Résistance ? Vous en avez arrêté dix, je n'en connais pas d'autres ! »

Ramené au fort de Montluc, je fus à nouveau interrogé deux jours après. La Gestapo n'avait trouvé personne au gîte du camarade dont j'avais parlé et ils voulaient savoir. Je leur dis :

« Il y a bientôt un mois que nous sommes arrêtés, mon camarade a eu largement le temps de disparaître, j'ignore où il se cache. »

Finalement, je m'en suis tiré honorablement. Je n'ai aucune arrestation sur la conscience, et croyez-moi, ce ne fut pas si simple !

La vie de prisonnier se poursuivit jusqu'au 5 avril 1943.

Fresnes

Le 5 avril, départ pour Fresnes avec tous les camarades de mon affaire plus quelques autres. À la cellule n° 355, où je fus affecté, je trouvai un seul occupant, l'abbé Keufghens, doyen d'une paroisse de Liège. Il me fit bon accueil, réservé cependant. Il me dit :

« Voici votre paillasse, votre couvert, votre gamelle. Habituellement, nous sommes quatre à partager la cellule. Henneuse est à l'interrogatoire, Daragon à l'infirmerie. »

Je racontais mon arrestation, Montluc, lorsque le quatrième habitant de la cellule rentra. *« Ils vont me libérer »* dit-il. Effectivement, une heure après, il nous quittait. Pour aller où ? À peine fut-il parti que l'abbé Keufghens me dit :

« Prenez plutôt la place et le matériel du monsieur qui vient de partir. Pourquoi ? L'autre, Daragon, est à l'infirmerie où il soigne une syphilis. Je vous prie de m'excuser, mais à votre entrée dans la cellule je ne pouvais pas vous parler autrement. »

Je le remerciai comme il convient. Du reste, Daragon est parti avec moi pour le Struthof, je l'ai revu, à l'hôtel Lutétia à mon retour des camps, il était bien vivant. Il faut croire que la vie des camps avait guéri sa syphilis.

Revenons à la cellule n° 355. Vers la fin de l'après-midi, arriva Henneuse au retour de l'interrogatoire. L'air épuisé, pâle, silencieux, il s'allonge une heure sans parler. Henneuse a été déporté. On s'est revu régulièrement. C'est un camarade charmant, cultivé, intelligent, plein d'humour, c'est un ami rare. Il est Belge. Arrêté à Lyon où il était impliqué dans une filière, un réseau apparenté à « L'Orchestre Rouge ». Emmené à Fresnes, il subissait deux fois par semaine des interrogatoires serrés à la rue des Saussaies. Déporté à Mauthausen, il en est revenu, et on se voit encore. Plus tard, De Bassonpierre vint compléter l'effectif de la cellule, encore un Belge, et nous avons formé une bonne équipe.

Quelqu'un se chargeait dans la prison de donner en hurlant les nouvelles vraies ou fausses, elles nous parvenaient. Aidés par ces nouvelles qui, en ces mois d'avril et de mai, étaient plutôt bonnes, nous supportions fort bien la vie carcérale.

L'abbé Kenfghens restait souvent seul avec moi. Il m'avait raconté son histoire. Niant tout, il espérait se faire libérer.
« *Mais,* lui dis-je, *votre histoire ne va pas tenir !* »

Et ensemble nous avons édifié une version des faits qui se tenait. Après cela qui dura plusieurs jours, je lui dis :
« *Mais, Monsieur le Doyen, tout cela n'est qu'un tissu de mensonges. Et votre conscience de prêtre, que devient-elle ?* »

Alors il explosa :
« *Mais nom de dieu, je ne leur dois pas la vérité à ces salauds !* »

Si incroyable que cela paraisse, l'abbé Keufghens, doyen de Liège, fut convoqué quelques jours plus tard pour interrogatoire. En revenant : « *Je crois bien qu'ils vont me libérer ces salauds ! Si vous avez quelqu'un à prévenir, confiez-moi un message et je vous le porterai.* »

Prévenue par lui, ma tante, Irma Medevielle, une femme extraordinaire, put nous aider. Elle était tout dévouement pour les gens qu'elle aimait, pour aider quelqu'un dans la peine. Grâce à l'abbé Kenfghens et à ma tante, la cellule n° 355 entra en liaison avec le monde extérieur.

Au bout d'une semaine nous parvenait une valise avec des vivres, du linge et un code pour correspondre avec ma femme. Tout ce qui se mangeait était mis en commun. Il faut avoir vécu cette vie de prisonnier cloîtré dans une cellule pour comprendre la joie que j'éprouvais un court billet de ma femme. Comme convenu, ce billet roulé en étui était inséré, soigneusement camouflé, dans une pomme de terre bouillie. Mon courrier à moi parvenait au retour de la valise dans les doubles-fonds dont on avait muni les boîtes de carton. Pouvoir écrire ces simples mots :

« Je vais bien, embrasse les enfants et dis-toi bien que je t'aime. » C'est merveilleux quand on a la certitude que ce mot arrivera, sachant que depuis trois mois on est coupé de tout contact.

La tante n'arrêta pas là ses services. Elle prévint la famille de Henneuse. Pour De Bassompierre, dont le père était, je crois, ambassadeur de Belgique au Japon, c'est à l'ambassade de Belgique à Paris que s'adressa ma tante. À son grand étonnement quand elle voulut partir après avoir raconté son histoire, on la retint jusqu'à ce que la vérification fût faite. Comme De Bassompierre était bien arrêté, on libéra ma tante avec excuses. Mais elle fulminait ! Elle en parlait encore avec fureur vingt ans après. Pauvre tante, elle ignorait que dans les circonstances présentes il fallait être extrêmement prudent, mais elle n'en voulait rien savoir : *« Me prendre, moi, pour une provocatrice ! Mais ces gens sont fous ! »*

N'empêche que la semaine suivante arriva pour De Bassompierre un somptueux colis avec cochonnailles, jambon fumé des Ardennes et diverses choses fort utiles à un prisonnier. Le problème de la faim était résolu.

Lassés sans doute après plus d'un mois d'interrogatoires à raison de trois par semaine, les Allemands consentirent à ce que Henneuse écrivit sa déposition. À cet effet, on lui apporta du papier et de l'encre. Avec du papier et un crayon, on peut écrire notre courrier. Le crayon et le papier, nous les avions depuis l'arrivée de la première valise. Avec un porte-plume et de l'encre, on peut dessiner un jeu d'échecs, on peut sur du carton – et le carton des boîtes ne manquait pas – dessiner les vingt-six dominos nécessaires à un jeu.

Ah ces belges ! Quelle bonne équipe nous formions !

Mais je voudrais raconter une anecdote qui survint longtemps après notre libération. Arrivant un jour chez ma sœur, à l'usine où mon beau-frère avait succédé à mon père, je vis une énorme voiture arrêtée devant le perron. Apprenant leur nationalité, je m'écriais :

« Ah ! Vous êtes Belges ! J'ai connu beaucoup de Belges en prison. C'étaient tous des gens très bien, l'abbé Kenfghens de Liège, Henneuse éditeur à Lyon, De Bassompierre. »

Moi je ne m'aperçus de rien, mais ma femme me dit par la suite :

« Quand tu leur as parlé de Belges en prison, c'est comme si la foudre s'était abattue à leurs pieds. Ensuite seulement quand ils ont compris qu'il s'agissait de prisons allemandes et de Résistance, soulagés, ils ont retrouvé leur souffle. » Pendant un moment, ils avaient ressenti mes paroles comme une offense à la libre Belgique.

À Fresnes, nous n'étions pas particulièrement malheureux. De temps en temps, clac-clac, la porte s'ouvrait. Tantôt, c'était pour la nourriture, tantôt pour un contrôle, pour la douche ou autre chose. Une fois par semaine nous avions la douche. De temps en temps, une sortie dans les petites cours. Il m'est arrivé d'y retrouver des camarades de Saint-Étienne, ou de les croiser dans les couloirs. Tous les vendredis, c'était la, ou les valises. Nous étions contents de les voir ces valises : que contenaient-elles ? C'était le contact avec l'extérieur qui se matérialisait, c'étaient les nouvelles tant attendues. Au retour, dans les ourlets des chemises sales, dans les doubles fonds des boîtes en carton, repartait notre courrier avec des nouvelles. Ma merveilleuse tante était presqu'à chaque coup mise à contribution pour les allées et venues du courrier. L'ambassade de Belgique voulait conserver son privilège de terrain neutre et passait par elle ? Quant aux autres parents, ils étaient soit trop éloignés, soit indifférents. Nous faisions bien attention à ne pas compromettre ma tante, nous camouflions soigneusement nos papiers. Avec Henneuse, De Bassompierre, le temps passait. Nous partagions tout. Chaque nouvel arrivant, plus ou moins spontanément, se soumit à cette règle.

J'ai déjà parlé du jeu d'échecs, les pièces étaient des bouts de cartons munis de dessins appropriés. Pour découper ces cartons, nous avions les manches des cuillères rendues coupantes à force de frottements énergiques. Tout cela était contraire au règlement. Le sergent chargé de notre étage semblait particulièrement fouineur, aussi l'avions-nous surnommé "Fouillemerde".

Jouait-on aux dominos, clac-clac ! Il arrivait, fauchait les jetons et repartait. Même chose si on jouait aux échecs. Voyant cela, nous décidâmes de fabriquer plusieurs jeux de dominos ou d'échecs, d'en garder un en jeu et de cacher les autres. Le lendemain, Fouillemerde revint, faucha le jeu de dominos en service et s'en alla. Dix minutes plus tard, nous jouions encore aux dominos. Comme la fois précédente, le jeu est confisqué après avoir déchaîné la colère du sergent :

« *Cachot disciplinaire !* » hurle-t-il. Il fouille la cellule ne trouve rien et repart. Encore dix minutes et nous sortons le troisième jeu, le dernier. Ça ne rate pas, Fouillemerde reparaît, lève les bras au ciel, excédé, dépassé, sort en grommelant et laisse le jeu de dominos. Depuis ce jour, nous avons pu nous distraire avec ces jeux. Ce qui par contre devait lui plaire, c'était l'état de propreté où la cellule était maintenue. Avec un bout de bois et des frictions répétées, nous obtenions un parquet aussi brillant qu'avec de la cire. Dame, il fallait frotter souvent et longtemps, mais outre qu'il nous aidait à nous tenir en forme physique et cela se retrouva quand je fus conduit au Struthof.

Le temps s'écoulait et, l'été venu, la chaleur suivit. Une chaleur lourde, on étouffait. Alors nous avons cassé un coin de carreau. C'étaient des petits carreaux de vingt centimètres de côté. Cela ne fut pas suffisant, aussi démastiquant de proche en proche nous avons réussi à avoir tout l'air nécessaire durant la nuit. Le jour venu, il fallait remettre les carreaux en place. Par la suite, c'est toute la fenêtre que nous réussîmes à ouvrir tous les soirs. Et une fenêtre ouverte dans une cellule entièrement close, cela changeait tout : les nuits devenaient fraîches et agréables. Il y eut une chaude alerte. Un matin, alors que tout était remis en place, survient un officier. Tandis que tous au garde à vous, au fond la pièce nous attendons il observe et aperçoit le bout de carreau cassé. Il glisse un œil, et que voit-il ? Des pommes de terre bouillies placées sur l'appui de la fenêtre pour éviter qu'elles ne pourrissent. Passant le bras pour les atteindre, il fait sauter le premier carreau.

Catastrophe ! Il n'a rien dit. A-t-il compris quelque chose à notre manège ? Comment savoir ? Ce qui est sûr, c'est que le lendemain, un homme, un détenu de droit commun se présentait pour réparer la fenêtre et la consolider dans son cadre. Profitant d'un moment d'inattention, nous avons réussi, avec un ciseau à ébranler la fenêtre, à la faire jouer, de façon à ce que, lui une fois parti, ce n'était plus qu'un jeu pour ouvrir la fenêtre à deux battants et placer les pommes de terre au frais, sur l'appui.

Nous étions plusieurs impliqués dans la même affaire: Paret, Quittaud, Rambaud, Closard, Taffin, Vidiani, Desgranges et moi-même. Quelques noms m'échappent. Martin est venu nous rejoindre rapidement à Montluc. Tous ensemble nous avons fait le voyage Lyon-Fresnes. Là, on ne pouvait guère avoir de contact, sauf au hasard de rares rencontres. J'imagine que leur séjour à Fresnes a dû ressembler au mien, sauf peut-être l'ambiance très intellectuelle qui régnait dans la cellule 355.

Closard partit après nous pour Buchenwald, il y est mort. Madame Paret libérée peu après son arrestation, est morte rapidement. Taffin s'est fait libérer avec, il faut le dire, la complicité de tous:

« *Nous ne le connaissions pas* », avons-nous tous affirmé.

Repris par la suite et envoyé à Buchenwald, il en est revenu bien vivant. Pour Desgranges, lui c'est autre chose. Quels arguments a-t-il réussi à faire jouer ? Je n'ai pas cherché à approfondir. En tout cas, il est parti pour un camp spécial, il y était traité correctement, à peu près comme les prisonniers de guerre. Il recevait du courrier et des colis.

Mises à part les quatre personnes dont je viens de parler, nous restions sept de la même affaire. Le 11 juillet 1943, nous sommes rassemblés avec cinquante autres détenus dans une cellule du bas. C'est une grande cellule, les conversations vont bon train. Où allons-nous ? Que va-t-on faire de nous ? Je suis parmi les plus optimistes. Hélas ! Quelle erreur !

Le lendemain, vers six heures, on nous sort de nos cellules, on nous enchaîne par deux et on nous embarque à la gare de l'Est. J'étais enchaîné avec Quittaud et je le voyais assez pessimiste.

« Vois-tu, disait-il, *il y a parmi nous une majorité de communistes et de saboteurs. Ce n'est pas bon signe. »*

Dès l'arrivée à Rothau en Alsace, on nous ôte les chaînes, on nous fait descendre. Aussitôt ce fut la révélation d'un monde hors du commun, insensé, inconcevable pour tout être civilisé.

Les coups de toutes sortes se mirent à pleuvoir. Tout servait, gourdins, crosses, pieds, poings. Les hurlements des SS déchaînés nous remplissaient d'effroi. Les chiens se mettaient de la partie, mordant à gauche, mordant à droite. Ce fut un rude exploit d'arriver à peu près indemne aux camions qui attendaient à vingt mètres de là. Le transbordement fini, les camions partirent, toujours montant, ils roulèrent sept kilomètres durant.

En haut, c'était Natzweiler, c'était le Struthof...

Les SS nous précipitent à terre, les projecteurs s'allument, éblouissants. On tombe comme on peut. Tous les SS du camp sont venus rigolards se repaître de ce spectacle. Un interprète arrive : « *Rangez-vous par cinq...* » dit-il. Nous sommes comptés.

Quant aux explications, elles sont brèves. Tout ici est interdit. Une tentative d'évasion vaut la pendaison, tout acte de rébellion ou d'indiscipline aussi. On ne doit posséder que ce qu'on reçoit du camp. L'enceinte du camp est électrifiée, en toucher un fil et c'est la mort.

À la baraque ou "block", où on nous dirige, c'est la fouille. Tout ce que nous emportions de Fresnes nous est enlevé : lunettes, vivres, alliances, vêtements, souliers : nous sommes nus comme des vers. Nous touchons des effets spéciaux. La nuit se poursuit à coudre sur notre veste, sur notre pantalon, un triangle d'étoffe blanche avec un numéro imprimé en noir.

Mon numéro est 4502. Nous sommes entièrement rasés sur tout le corps. Il reste à peindre les vêtements : les jambes du pantalon sont rayées en long d'une large bande rouge et, en travers, vers le bas de deux bandes jaunes plus étroites. Pour les manches de la veste, c'est la même décoration. Nous peignons en noir une grosse croix dans le dos. Nous ne risquons pas ainsi d'être confondus avec les autres détenus : Belges, Tchèques, Polonais, Russes et droit-commun allemands. Pour terminer, il nous faut encore peindre sur chaque jambe et dans le dos, les deux lettres N.N. car nous sommes des N.N., les premiers dans le camp.

Ces deux lettres : N.N. ont une signification terrible. Le N.N. est privé de tout contact avec l'extérieur, il ne reçoit ni courrier, ni colis. Condamné à mort, mais à une mort lente, après de longues souffrances, impossible à décrire.

Oui, nous sommes N.N. et nous n'avons pas encore mesuré l'horreur de cette réalité. Cela ne va pas tarder.

Tout est enfin terminé, mais cela ne vaut plus la peine de se coucher : le réveil est à 3h30. À l'heure dite, nous montons à l'appel, et nous apercevons le groupe de Français arrivés l'avant-veille. Incroyable ! Ils sont dans un tel état ! Et ceci au bout de 48 heures ! Plusieurs sont en train de mourir, on ne compte plus les blessés, les mordus par les chiens. Pour certains les blessures sont graves et tout soin leur est refusé. Voilà un avant-goût de ce qui nous attendait.

Quoi d'étonnant à ce que, dans les dix jours qui suivirent, il y ait eu dix suicides par pendaison, plus autant de morts par blessure ?

Après quelques formalités ou inscriptions au secrétariat du camp, nous sommes joints au reste des Français et nous formons avec eux le kommando de la "Kartoffelkeller", kommando où sévissaient "Fernandel" et Kuhle, un kapo qui ne valait pas mieux, un triangle noir, asocial. Il y eut plusieurs autres kapos de moindre importance.

À part les six français de mon affaire, je puis citer quelques-uns de mes camarades : Périer, un descendant de Casimir Périer, le Président de la République, malheureusement il est mort ; de même que Dupré de Lyon, l'aviateur qui descendit le vainqueur de Guynemer et les frères Radiguet, parents de l'auteur du "Diable au corps". Combien sont morts ! Par contre, sont revenus : Charles Joineau, Roger Linet, Marcel Leroy, Pinson, Max Nevers, l'abbé Bidault, Boulanger, Roger Leroy, Blaise Mengue, Yves et Joël Le Tac, les docteurs Boutbien, Chrétien et Lavoué. Le docteur Planchet est mort. Il y avait aussi Daragon avec sa syphilis, qui a survécu, ainsi que deux étrangers : Perego, un espagnol qui fit le voyage Fresnes-Natzweiler dans le même convoi que moi, enchaîné à Mathé, un Alsacien, tandis que je l'étais à Quittaud, et André Thiebaut, un Belge, un des deux N.N. comme nous, avec qui je me suis lié d'une réelle amitié.

Certains sont revenus, dont moi. Ce retour était au départ exclu formellement. Au début, arrivés en trois convois successifs, nous étions 170 français et c'est un surprenant miracle que quelques-uns d'entre nous aient pu survivre.

Ici, je voudrais me livrer à quelques réflexions.

Les Français, dès leur arrivée dans le camp, n'ont pas pu ignorer l'hostilité quasi-générale à leur égard. Des SS, on pouvait s'y attendre, mais venant d'autres déportés, c'était plutôt choquant.

Pourquoi cette hostilité ? Très vite, nous apprîmes que les SS avaient présentés les 170 Français de juillet comme des assassins, des déchets de la société qu'ils avaient arrêtés à Marseille, dans le quartier du Vieux Port. Nous étions tous des tueurs, des drogués, des proxénètes. Et pourquoi pas les trois à la fois ? L'un n'exclut pas l'autre : tueurs, voyous, drogués et proxénètes font généralement bon ménage.

C'était là une raison, et il n'y avait pas de quoi s'en étonner. Pour les politiques, nous n'avions aucun intérêt. Quant aux droits communs, ils nous considéraient comme des concurrents potentiels.

Mais il y avait autre chose, une chose que je mis quelques jours à comprendre.

La France, en 1938, avait livré la Tchécoslovaquie à Hitler, et cela n'était pas oublié. Les Tchèques détenus dans le camp étaient assez nombreux et nous les Français, nous arrivions d'un pays qui les avait trahis. Ce qu'il ne savait pas, c'est que plus de la moitié s'entre nous avaient lutté contre les accords de Munich. Quoiqu'il en soit, les Tchèques et les détenus solidaires avec eux furent à nous pardonner ce lâchage de 1938. Au bout d'un mois cependant, nous avions surmonté ce climat de suspicion que nous avions trouvé à notre arrivée.

De nombreux livres ont été écrits sur les camps. Ce qui manque dans la plupart de ces livres c'est l'importance d'un geste amical, ceci malgré les coups et les hurlements. Un clin d'œil entre nous et nous restions des hommes. Les autres qui tapaient sur nous étaient des brutes, mais nous restions des hommes. La solidarité du pain, la solidarité au travail, sont des manifestations de cette humanité qui restait en nous.

La solidarité du pain, c'est Roger Linet qui l'a lancée. Je me le rappelle demandant le silence à ma table et disant :
« Camarades, nous avons beaucoup de blessés. Ils sont privés de nourritures, et ils vont mourir si nous ne faisons rien. Je préfère que chacun prélève sur sa maigre part un morceau de pain pour leur être remis. »

Et, de fait, chacun donna un morceau de pain, chaque jour, depuis cette date. Geste d'une importance incalculable pour le malheureux, qui, se sentant soutenu, se reprenait à lutter pour sa survie. Et presque la moitié d'entre eux se tirèrent de ce mauvais pas, autant par cet apport de nourriture que du fait du réconfort moral.

Ceux qui ont survécus furent sauvés d'une mort certaine.

Et la gouaille française qui nous arrachait à notre misère et amenait un sourire sur nos lèvres blêmies ! Le voisin qui me dit un jour :
« *Mais c'est Fernandel !* » car il parlait du Kapo car il n'a pas mesuré le service qu'il me rendit à moi et aux autres. Ce surnom lui est resté. Il y avait aussi Fuchs, dit "le Renard", et "Jo la terreur". Aux appels tant redoutés, il ne manquait pas de camarades pour murmurer :
« *Tu vas voir, il va encore se gourer !* »

Et les pipes, les cigarettes roulées avec n'importe quoi, dans n'importe quel papier ! Nous les fumions à sept ou huit, une bouffée chacun. Celui qui s'attardait à prolonger sa goulée entendait :
« *Arrête, tu vas éternuer et ici c'est défendu !* »

Car il est vrai que tout nous était interdit !

C'est vrai que les déportés au Struthof étaient destinés, en juillet 1943, à mourir dans les trois mois. Et en effet, combien sont morts de misère, d'inanition, de leurs blessures. Les tortures, les coups, les punitions dégradantes, les pendaisons publiques devant les déportés rassemblés, sont vraies. Vraies aussi, les fusillades à la sablière. Il y eut parmi les Français, comme une épidémie de suicides. L'épouvante, l'horreur, le dégoût devant la misérable vie qui nous était promise amenèrent la démission chez plusieurs d'entre eux. Une dizaine se pendirent.

C'est vrai aussi, ce qui se passa au kommando de la route n° 1. Là, le kapo, lorsqu'il avait choisi une victime parmi les déportés, le frappait, l'exténuait et finissait par le balancer au-delà des limites à ne pas franchir. Franchir ces limites, c'était une tentative d'évasion. Le SS de garde au mirador le plus proche faisait un carton sur le malheureux. Une dizaine de Français sont morts ainsi.

Les Français furent réunis au block 13. Tout en bas du camp. Pour aller à l'appel et sortir en kommando, il fallait gravir les marches de ce camp pentu, et quand on est affaibli, c'était tout un problème. Certains sont morts dans les escaliers. Notre block 13 était une baraque parmi les autres dans le camp, mais à la différence des autres, elle était entourée de barbelés. Cela interdisait tout contact avec les autres détenus du camp. Nous étions doublement prisonniers dans le camp avec une enceinte de plus.

C'est vrai que pendant trois mois, malgré le nombre de blessés, l'accès à l'infirmerie fut interdit aux Français. Beaucoup de nos compatriotes moururent faute de soins. Nul, à part les SS et nos propres gardiens ne pouvait venir nous voir. Il fallut le courage d'un détenu allemand, Ferdinand, un communiste, pour que fût percé ce mur d'interdictions. Se glissant sous les barbelés, il parvint à nous apporter chaque soir, des antiseptiques et des rouleaux de papier pour soigner les plaies. De nombreux Français lui doivent la vie.

Notre kommando de la "Kartoffelkeller" fut appelé par l'ensemble du camp, Belges, Luxembourgeois, Polonais et Allemands, la "colonne fantôme". Et il y avait de quoi !

Nous sortions du camp à 120, mais sur le nombre il y avait 40 invalides qu'il fallait porter, d'autres qu'il fallait soutenir. L'essentiel pour les SS, c'était qu'on passe la porte par paquets de cinq. Ils s'embrouillaient facilement dans leurs comptes, mieux valait ne pas les exciter. Les autres détenus passaient la porte nu-tête, raide comme des pantins, les bras collés le long des jambes et rangés par cinq. Pour notre misérable colonne, il n'était pas possible de les imiter, sauf pour ceux qui étaient valides et en tête de la colonne. Pour ceux qui derrière portaient ou soutenaient un camarade blessé, rares étaient les fois où ils passaient sans une généreuse distribution de coups.

Arrivés sur le lieu de travail, nous allions déposer nos blessés sur une esplanade. Les SS exigeaient que nous les jetions à terre, mais presque toujours, malgré les coups reçus, nous les déposions doucement sur le sol, mettant même parfois une pierre sous leur tête pour qu'ils soient mieux avec cet appuie-tête, après quoi nous allions au travail.

Il faut se rappeler cet été 43. Il faisait une chaleur à crever. Je me souviens des pauvres camarades allongés à terre, exposés au soleil des heures durant, Pinson, Faure, Mars. Comment ont-ils fait pour survivre ? Le soleil faisait aussi des dégâts dans le rang des travailleurs. Au bout d'une semaine, Quittaud et Rambaud étaient tout brûlés, aveuglés par le gonflement des paupières et des croûtes qui se formaient dessus. J'ai dû, pendant plusieurs jours, les aider à prendre leur pain, leur gamelle.

C'est vrai encore que, sans compter les coups reçus collectivement et régulièrement, les SS se rendaient deux fois par jour visiter et torturer les blessés. Le kapo frappait avec un gourdin, le SS piquait un jalon dans les plaies : c'était Fernandel, le kapo était Kuhle. Je n'ai nullement l'intention de noircir le tableau. Tout ce que je rapporte est vrai. Je veux être absolument objectif, plutôt même en dessous de la réalité.

Fernandel arrivait au groupe des blessés :
« *Travailler !* » ordonnait-il. Mais comment travailler avec la jambe brisée, la hanche fracturée ? Alors c'étaient les tortures et cela recommençait avec le blessé suivant. Je le sais, j'y suis passé un jour. Blessé à la tête, perdant mon sang en abondance, évanoui, on m'avait transporté auprès des autres blessés. Au bout d'un moment, je revins à moi, et je profitais d'un moment de repos. J'entendis la voix de Fernandel et les cris poussés par sa victime.

Arrivé à moi : « *Travailler !* » dit-il.
« *Oui* », répondis-je. Alors il envoya le kapo chercher un seau d'eau et le fis me laver à grande eau. J'avais le visage couvert de sang coagulé.

Je ne voudrais pas m'attarder sur ma vie au travail, et, simplement souligner deux choses.

Cette solidarité dont je parlais précédemment jouait à plein dans le kommando. Tout le monde était fatigué. Chez certains la fatigue était telle qu'ils ne pouvaient plus ni piocher, ni pelleter. Alors on voyait les autres autour de lui qui le masquait aux yeux des SS et des kapos, assumant le travail à eux seuls jusqu'à ce que le camarade fatigué ait repris quelques forces.

Il y avait la solidarité du pain. Il fallait collecter le pain auprès de camarades valides afin qu'il soit remis aux malades et aux blessés. Un jour, il me fut demandé de faire ce collectage sur les lieux de travail. Pendant le repas de casse-croûte vers 9h, j'allais donc de l'un à l'autre. Je mettais les bouts de pain dans une petit sac, et le soir je déposais le sac pour la distribution. Dire mon tourment lorsque, avec la faim au ventre, je sentais ce sac peser sur ma poitrine ! Je n'ai pas succombé à la tentation de prélever le plus petit morceau de pain. Mais je n'ai pas réussi à tenir le coup plus d'une semaine. J'avais trop peur de manger le pain. D'autres camarades m'ont remplacé.

Le travail consistait à remplir des wagonnets genre "Decauville" avec la terre extraite de la montagne. Des rails sillonnaient ce chantier de cent mètres de long. Sur ces rails, il fallait faire rouler ces wagonnets jusqu'à une sorte de pente ravinée où nous les renversions. Ceci fait, il fallait revenir et recommencer. Tout cela se passait au milieu des clameurs, des coups, des morsures de chien. Le kapo nous frappait, le SS en rajoutait. Comment s'étonner que dans ces conditions, sur des voies mal ajustées, en mauvais état, les wagonnets déraillent souvent ? L'endroit le plus redouté, c'était "la sauterelle", sorte de plaque tournante grossière, on y déraillait une fois sur deux. Et alors c'était un redoublement de coups, les tortionnaires frappaient, les chiens mordaient tandis que l'équipe affolée tentait en vain de remettre le wagonnet sur ses rails. Bien sûr les plus proches voisins accouraient pour un coup de main, mais on dérouillait quand même. Cela devenait démentiel. Un jour, André Thièbaut, le Belge dont j'ai déjà parlé, avise deux longues barres de bois qui traînaient par là. Nous en servant comme leviers, il devint facile et rapide de remettre le wagonnet sur les rails.

Lui d'un côté, moi de l'autre, nous bondissions et remettions le wagon en place. Combien de raclées furent ainsi évitées.

Huit jours après notre arrivée, nous sommes allés aux douches : chacun regardant le dos de son voisin, le voyant zébré dans tous les sens, ici vert-jaune, plus loin déjà violacé. Résultats des coups reçus ! Il faut y ajouter ceux qui nous étaient périodiquement délivrés à la cadence de trois séances par jour.

Cela se passait ainsi :
« *Toi, viens ici !* » Il fallait se plier en quatre, les bras tendus, et le kapo nous appliquait cinq coups de trique, un manche de pioche en général, et cela dura un mois environ.

Nous revenions au block à midi pour un rapide repas, une soupe légère prise hâtivement et nous retournions au travail. À dix-huit heures, retour au camp. Bien rangés, les malades couchés à terre, c'était l'appel. Vers 19h, commençait la vie au block : on se lavait à grande eau, sans savon, mais l'eau ne manquait pas. Le chef de block, un colosse, Karl Schroeder et le chef de chambre, Hans Prüsse, étaient des tueurs sadiques, des triangles verts ou détenus de droit commun. Ils nous soumettaient à d'incessantes tracasseries. Souvent la nuit, ils allumaient la lumière et c'était la fouille. Malheur à celui qui avait caché quelque chose, pensant l'utiliser : un bout de ferraille, de tissu, un clou. C'était aussitôt la schlague, la loi de la terreur. Au travail hors du camp comme au block, la vie était intenable. Cela dura un mois. Tout était rassemblé pour nous affoler, nous abrutir, nous avilir, nous conduire à une faute et à être finalement battus. Un ordre était-il donné en allemand, que nous ne comprenions pas ?

À peine était-il éructé que pleuvaient les coups. Les matraqueurs hurlaient de férocité, tandis que les matraqués serraient les dents pour ne pas céder à la douleur et à l'horreur.

Mais malgré toutes ces tentatives de faire de nous des bêtes, il faut savoir que nous sommes restés des hommes, avec des pensées, des sentiments humains. Je n'ai jamais vu un geste de délation, jamais vu un Français chercher à évincer un camarade quand une bonne planque lui survenait. Très exceptionnelles furent les tentatives de vol. Le groupe de Français resta soudé malgré tout, et ce n'est pas sans fierté que j'ai entendu par la suite:

« Voyez les Français, ils sont soudés, solidaires et ils tiennent. Faites de même ! » Cela s'adressait à des Hollandais, après notre arrivée à l'infirmerie en octobre 43.

Très vite, j'ai fait équipe avec Quittaud. Comme il fallait faire son lit de façon impeccable, il m'aidait à faire le mien, les couvertures sans un pli, les coins bien rentrés. Je lui rendais le même service. Nous avions trouvé des couchettes côte à côte et cela nous rendit la vie plus supportable. Au gré du chef de block, il fallait se lever en pleine nuit, défaire son lit et le refaire, d'une manière puis d'une autre avec bastonnade en supplément. Quittaud comprenait quelques mots d'allemand, cela nous aida beaucoup. Il surveillait d'un côté, moi de l'autre et pendant les crises de folie furieuse du chef de block, cela nous épargna bien des coups. Nous évitâmes très vite de parler de nos familles. L'essentiel n'était-il pas de tenir à tout prix ? Il fallait dormir la nuit, économiser nos forces le jour.

« Sauver sa peau ! » Jamais expression ne fut plus justifiée que durant ce premier mois de camp. Heureusement, le rythme

des tortures baissa sérieusement après cinq ou six semaines. Mais qu'elles nous parurent longues et combien de morts ont elles provoqué! Sûrement près de la moitié d'entre nous. La moindre faute insoupçonnée, le moindre retard dans le geste, des galoches mal lavées, des vêtements mal pliés ou pas assez vite pliés, et c'était le châtiment. Outre les poings, les pieds, le nerf de bœuf, Karl Schroeder avait imaginé une punition bien à lui. Il fallait faire le crapaud, c'est-à-dire s'accroupir les bras tendus en avant. Tombions-nous? On nous relevait à coups de trique. Nous tombions encore? Nous étions relevés de la même manière. Certains camarades sont morts de cet exercice.

Au début de cet ouragan de noirceur, une clarté cependant.

Le soir, lorsque ne restaient allumées que les veilleuses, une voix s'élevait. Je n'ai jamais cherché à savoir qui parlait, mais j'écoutais, ne perdant pas une parole.

Elle était bonne, cette voix.

Elle nous apportait des nouvelles de la guerre.

Elle disait, cette voix:
« Sachez regarder partout à la fois, aidez-vous les uns les autres, soyez solidaires et unis, ne faites aucun effort inutile. Le plus dur est passé, tenez bon, et vous verrez que ce rythme ne va pas durer. »

Et de fait, cela s'arrangea à partir du 15 août. Ce jour-là, le paroxysme fut atteint. Jo la terreur, frappant de droite et de gauche, bouscula les détenus dans la fosse déjà profonde de trois mètres.

Ce jour-là, sept ou huit camarades furent grièvement touchés, dont la plupart sont morts. Après cette date, tout s'arrangea progressivement, tant au block qu'au travail. Et c'est tant mieux car personne n'eût dépassé les deux mois dans les conditions de vie qui étaient les nôtres.

Ainsi, au début, tous les dimanches, matin et soir nous travaillions alors que les autres se reposaient. C'est justement au cours de ce premier dimanche après-midi qui suivit notre arrivée, que l'on vint chercher Vidiani. Je ne l'ai jamais revu. Je sais qu'il est mort assassiné à l'infirmerie. Il parait que 10cm^3 insufflé dans une veine provoque un arrêt du cœur foudroyant. C'est également ce dimanche que j'appris la vérité sur notre arrestation. Le fils Paret, âgé de 16 ans, entraîné dans le sillage d'un jeune voyou de 18 ans, Vérillac, s'était laissé pervertir jusqu'à indiquer notre réunion du 3 février chez lui. Martin, qui m'apprit cette triste nouvelle, me raconta que lui aussi avait été arrêté au début de février sur un rendez-vous fixé par le fils Paret. L'un et l'autre, Parett et Vérillac, furent jugés et condamnés à des peines légères à notre retour en 45. Entre temps, le père et la mère de Paret s'étaient laissés mourir, de honte sans doute.

Notre dénuement, notre faim étaient tels, qu'il fallait s'attendre au pire. Le pire ne se produisit pas. Toutes les tentatives des SS pour nous rabaisser au niveau de la bête ont échoué. S'aplatir devant les Kapos, se mettre à leur service, voler le pain de ses camarades de misère, rien de tout cela n'eut lieu.

Les triangles verts, criminels endurcis à qui nous fûmes livrés pieds et poings liés, ne réussirent pas à nous réduire. Nous pûmes toujours nous regarder en face, les détenus français, avec des regards d'hommes. La plus petite aide était reçue avec une joie profonde. Un sourire, une réflexion drôle, une plaisanterie à l'heure où tout allait mal nous faisaient chaud au cœur. C'est curieux comme il en faut peu pour ramener l'optimisme, le sourire vainqueur de la tristesse. Être capables, malgré tout, malgré eux, de rire, de plaisanter, de connaître la joie, c'est, je crois, la plus grande victoire remportée par les hommes que nous étions restés sur l'ensemble bestial des SS, des kapos, des triangles verts, nos bourreaux.

Ceux qui ont visité le camp du Struthof, avec ses escaliers abrupts, ont été frappés par son isolement, loin de tout témoin, loin de toute activité humaine. Le site est beau, la forêt de sapins et d'épicéas fait des taches d'un vert sombre. C'est un lieu rêvé pour les balades en groupes ou en solitaire, pour une halte, un pique-nique. En hiver, on pouvait y faire du ski. L'été venu, on pouvait y cueillir des fleurs, admirer la clarté du soleil, le silence de la nature. C'était ça, le Struthof d'avant-guerre.

Mais le camp s'est installé là, et les oiseaux partirent, effrayés par les hurlements, par les coups de feu. Ce qui aurait pu être un havre de repos, de contemplation, d'inspiration, devint brutalement un enfer pour les hommes. Ne restèrent en présence que des matraqués et des matraqueurs, des frappés et des frappeurs, des assassins et leurs victimes, loin de tout témoin gênant.

Clameurs et trépas, ici. Plus loin, le silence et la vie impétueuse de la nature.

Laideur et puanteur opposées à la beauté qui régnait tout autour, à la pureté de l'air parfumé par la senteur des résineux.

Le point sombre dans une immensité où tout était clarté.

De la vallée, montait parfois le tintement d'une cloche d'église, le sifflet d'un train qui passait. Dans la vallée, la vie continuait, dure, parfois menacée, mais c'était la vie. On pouvait prendre un repas mérité après le labeur accompli, on aimait, des enfants naissaient, on soignait les malades, on pouvait aller de maison en maison, d'une ville à l'autre.

Là-haut, c'était la servitude, la mort.

Des pendaisons publiques, j'en ai vu sept ou huit fois. La première fois, ce fut le spectacle le plus effroyable. Du bunker (prison) où s'exerçaient les pires tortures, on amena cinq hommes, cinq officiers russes arrêtés après une tentative d'évasion. Ils étaient épouvantables à voir, tellement ils étaient dans un état lamentable. Je n'avais jamais vu cela, jamais assisté à une exécution.

Ces êtres qui n'avaient plus figure humaine furent pendus devant tout le camp réuni. En fait ils furent étranglés, tombant de trop bas pour que les vertèbres soient brisées. Ils se débattirent dix à douze minutes avant que cesse leur lutte contre l'asphyxie et la mort. Quand tout fut terminé, tous les déportés durent défiler devant leurs dépouilles. Un sixième officier soviétique était mort des brutalités subies au bunker.

Le commandant Kramer était alors chef du camp. Son adjoint Seuss était adjudant-chef. À lui revenait le privilège de faire fonctionner la trappe. Les cadavres étaient descendus au crématoire, où, avant qu'ils ne soient brûlés, un dentiste SS leur enlevait les couronnes en or.

J'ai assisté également à plusieurs séances de flagellation. Des Allemands bien nourris, six gaillards à triangle vert, frappaient à tour de rôle, cinq coups chacun. Passé le trentième coup, le malheureux qui recevait ces coups ne criait plus: il était mort. C'était un Polonais. J'en ai vu un autre qui ne prit que trente coups, il vivait encore. Il fut descendu au bunker, puis pendu quinze jours après.

Je me souviens, le 9 novembre 1943, nous sommes quelques-uns à travailler au gazon. Nous faisions semblant de travailler, les mottes de gazon enlevées et posées sur le tas ne risquaient pas d'élever de beaucoup la hauteur du tas.

Le gazon ? C'était un bon kommando, encore fallait-il faire quelques mouvements. Rambaud travaillait à quelques mètres de moi, il était exténué, les yeux brouillés de fatigue et il s'appuyait sur sa pelle. Jo la Terreur l'aperçut. Aussitôt il accourut, pied en avant en pleine poitrine et bondit sur le pauvre Rambaud, ramassant la pelle et frappant à grands coups sur le corps du professeur de mathématiques stéphanois. Celui-ci est sauvé par la sonnerie qui annonce la fin du travail. Il ne peut plus marcher. Je le prends sur mes épaules, surpris de sa légèreté. Il gémit:
« Doucement, tu me fais mal ! »

Je dois cependant suivre la colonne. L'appel terminé, je le porte à l'infirmerie où je l'abandonne. Moins d'une heure après, il était mort.

Un Français qui se trouvait avec lui, en attente à l'infirmerie, m'a dit:
« Extraordinaire, ce Rambaud ! »

Il encourageait les autres:

« Ça ne fait rien, les gars, on les aura! Ils sont foutus. Faut tenir bon! »

Lui, disloqué, n'a pas tenu, mais ses propos ont fait l'admiration des autres et ont aidé quelques-uns à survivre.

La trague: un autre outil, une autre punition!

Soit que les SS du camp aient atteint le total des morts exigés, soit plutôt que les revers militaires aient rendu le travail à l'usine plus nécessaire, les choses s'arrangèrent après le 15 août dans le camp. Les barbelés autour de notre block furent en levés, ce qui nous permit de circuler librement dans le camp. Cela permit quelques contacts amicaux et utiles avec les Belges, les Luxembourgeois, les Polonais, voire les Allemands. Eux, ils recevaient des colis et nous en faisaient éventuellement profiter. Le kapo de la Kartoffelkeller, Kuhle, m'avait pris en grippe. Je n'étais pas assez docile à ses yeux et il cherchait tous les moyens de m'avoir. Une fois, je reçus de lui un coup bas sur le tibia et je crus que j'avais une fracture. En tout cas, le coup avait été asséné en vue de la provoquer, aussi je décidais de quitter ce kommando, ce qui à l'époque était devenu facile. Je me présentais au kommando de la route n° 1 (Strassenbau Eins). Là, il s'agissait de construire une voie d'accès pour les camions. En fait je cassais des cailloux et je les posais sur le sol au préalable bien aplani, bien lissé. Mais je ne suis pas doué pour ce travail et je dus changer d'affectation. Mon nouveau travail fut la trague. Il faut avoir été déporté pour connaître le sens de ce mot: c'est une sorte de civière d'un mètre de long sur quatre-vingt centimètres de large. On charge des pierres sur la trague et à deux, il faut les transporter à un endroit désigné. Chargée à cinquante kilogs, la trague était un travail acceptable, sur tout qu'on pouvait par endroits marcher très lentement. Mais nous étions si faibles, que passé cinquante kilos, nous avions de la peine à soulever la trague. Je m'arrangeais toujours pour avoir un partenaire français, ce qui permettait toutes sortes de conversations et de confidences. C'est là que me fut expliqué le pacte germano-soviétique de 1939. Il n'empêche qu'à la longue on était exténué, les yeux pleins de brouillard, on allait. On passait tout le long de la grande baraque dont j'appris plus tard que c'était la "Bekleidungskammer". Le long de cette baraque il y avait des trous de deux mètres de profondeur sur quatre-vingt centimètres au carré. Ces trous, on les passait sur une planche. En général, le premier avertissait le second qu'une planche était à passer. Un jour, mon camarade aussi crevé que moi, omit de me prévenir et je tombais de tout mon haut. Jusqu'au fond du trou, recevant les pierres qui me tombaient sur la tête, sur les épaules. Je n'avais aucune blessure sérieuse et ce fût un vrai miracle. Mon camarade m'aida à sortir de ce mauvais pas et le va-et-vient recommença.

Un autre kapo "triangle vert", Georg Besser, hélas me chercha des histoires. Paret, qui m'avait rejoint dans ce kommando, regardait afligé les coups de nerf de bœuf s'abattre sur mon dos. Je fus sauvé par une circonstance heureuse: un officier SS vint demander un prof de maths pour résoudre quelques problèmes. Il m'installa dans une pièce, seul. Les problèmes étaient du niveau B.E.P.C. et ils furent vite résolus. Le SS revint juste avant huit heures chercher son travail.

Satisfait sans doute, il revint huit jours après me chercher à nouveau. Du coup Besser cessa de me frapper. Le SS quitta le Struthof, le kapo également et arriva Landon. Il portait un numéro facile à retenir: 1416.

C'était un véritable assassin !

Si dans l'ensemble les choses s'arrangeaient pour les Français dans le camp, il restait quelques points noirs. En particulier, le kommando des brouettes que Landon s'était réservé. Il fallait avec ces brouettes transporter de grosses pierres d'un point à un autre. La brouette est un instrument habituellement utile pour l'homme, d'un grand secours. Mais elle peut devenir un véritable supplice, le tuer si fort soit-il, en un jour ou deux. Sur le terrain en pente autour du camp, faites-le courir avec une brouette pleine de pierres, et cela pendant des heures. Le résultat est assuré.

C'est ainsi que Landon voulait nous faire travailler...

Nous n'avions plus de forces. Alors, la bête qui sommeillait dans ce misérable s'en donnait à cœur-joie. Je suis sûr qu'il a sur la conscience cinq ou six morts, dont deux ou trois Français. Tout le monde cherchait à échapper à ce kommando, moi comme les autres. Ce groupe de détenus, on l'appelait dans le camp : "la colonne infernale".

À deux reprises, j'ai réussi à m'en écarter pour aller au kommando du gazon. Là, le kapo, Dentz, ne frappait jamais. Instituteur en Allemagne, il était dans le camp pour une affaire de mœurs. Tout le monde cherchait refuge dans ce kommando-miracle, moi comme les autres. Landon cherchait ses troupes qui l'avaient quitté. Un jour il me repéra, vint me chercher et me fit réintégrer son chantier après une féroce punition. Deux fois, cette épreuve se répéta. Landon avait sans doute décidé ma mort. Il m'avait déjà laissé sur place évanoui, à plusieurs reprises.

Il fallait sortir du champ de ce tueur.

Dentz ?

Il était là pour exhibitionnisme, "triangle-rose". C'était un instituteur doux, calme, timide aussi. Le travail de son équipe consistait à découper autour du camp des carrés de gazon et à les empiler les uns sur les autres. J'étais professeur et nous avons bavardé, sympathisé, même dès le début. Il parlait le français mieux que beaucoup de Français. Il me donnait un peu de soupe. J'inventai une histoire et cela me sauva. Un soir, le travail fini, j'allai à cabane de Dentz, bavarder et je lui dis :

« Monsieur Dentz, savez-vous qu'en France on n'est pas poursuivi pour des affaires de mœurs ? En France, on fait peu de cas de ces histoires et vous pourriez très bien y vivre, la guerre finie.

– Vous croyez ? me dit-il.

– Certainement. Avec votre connaissance parfaite de notre langue, vous pourriez même y faire carrière. Si je vous disais que juste avant d'être arrêté, j'avais envisagé de monter une école privée ? J'avais les locaux, le personnel. Il m'intéresserait de vous associer à ce personnel. Mes élèves tireraient un excellent profit de votre collaboration dans l'étude de l'allemand.

– Mais c'est très intéressant », visiblement attiré, flatté aussi.

Je lui donnais quelques renseignements sur la vie en France.

« Mais combien gagnerais-je ?

– Au début, comme professeur certifié français, c'est-à-dire 5 000F par mois. »

C'était nettement mieux que ce qu'on payait aux instituteurs sous le régime hitlérien.

« Alors, vous accepteriez ?

– Certainement. »

C'est alors que je sortis le grand jeu :

« Ceci n'est encore qu'un projet. La préparation en était presque achevée. Encore fallait-il que je rentre pour la mise en œuvre. Avec Landon, vous le savez, je n'ai aucune chance ! »

Comment s'y prit-il ? Qui le dira ? En tout cas, le lendemain je pus m'inscrire à ce kommando et j'y restais. Voilà, en tout cas comment par la réflexion je réussis à échapper à un danger mortel et je pus passer deux mois tranquille. Dentz recevait des colis de sa famille, et assez souvent à partir de notre accord, il me donna sa gamelle de soupe. J'avais perdu sept à huit kilos de plus en quinze jours de travail avec Landon. Bref, je dois la vie à Dentz. Je ne sais pas ce qu'il est devenu.

Malheureusement, l'hiver arrivait et la neige aussi. Le kommando du gazon fut supprimé. J'échouai au kommando de la route n° 2. Il fallait marcher près d'un kilomètre en montant toujours, car, en principe nous construisions une route. Le kommando était tranquille, mais les efforts à fournir dépassaient nos possibilités.

Très vite vinrent les froids. Les SS avaient revêtu les tenues grand hiver, les kapos portaient double capote bien rembourrée. Ils mangeaient à leur faim, recevaient des colis, alors que nous, vêtus comme nous l'étions et affamés, nous ne tenions pas. Le travail était idiot, il ne rimait à rien, car faire une route sur une terre gelée ave nos pauvres outils, c'était impossible. Le seul résultat, c'était les quatre ou cinq morts que nous ramenions le soir sur un espèce traîneau.

Ce n'étaient plus les coups qui tuaient, mais le froid et la faim. Je fus pris d'une crise de polyurie impressionnante.

Je me levais la nuit près de dix fois. À peine recouché, il me fallait vite repartir pour aller vite pisser. J'avais l'impression de recevoir des coups de couteau dans le bas-ventre. Je ne fus pas admis à l'infirmerie, mais je reçus un comprimé pour me calmer, de l'uroformine, je crois. En tout cas, ce fut efficace.

Il y avait plus de trois semaines que j'étais à ce kommando. Toutes les semaines, les Français du block 13 étaient conduits aux douches et, un jour, je fus sidéré par ma maigreur. Je présentais tous les signes avant-coureurs de la mort que j'avais remarqués sur les autres : le corps décharné, les cuisses maigres qui faisaient des plis faute de chair pour les tendre.

Je compris.

Coûte que coûte, il fallait sortir de ce kommando, sinon, c'était la mort très prochaine. Toute la nuit, j'ai longuement retourné la question : commet trouver à s'abriter ? Voilà ce que je fis.

Le chef des travaux du camp était un nommé Willy Graff. Un homme important. Il parlait plusieurs langues. Très cultivé, ancien diplomate, il était là pour affaire politique. Il avait longtemps habité Paris et accueillait bien les Français. Particulièrement indigné du traitement infligé aux Français arrivés en juillet 43, il faisait au mieux pour les aider. Mais il n'était pas possible d'aider tout le monde ? D'autres Français nous avaient rejoints en novembre. Toutes les baraques de travail, Effektenkammer, Weberei, ainsi que l'infirmerie étaient pleines de gens qui s'y étaient réfugiés.

Alors, après une nuit d'intense cogitation, décidé à tout pour quitter le kommando de la route n° 2, je montais un petit matin, au moment du rassemblement, jusqu'à la baraque n° 1 où logeait Willy Graff et j'attendis sa sortie. Cela n'aurait pas été possible trois mois plus tôt, mais, je l'ai déjà dit, le régime du camp s'était adouci. J'abordai Willy Graff :

« Monsieur Graff, je suis officier de l'armée française, pro-fesseur de mathématiques dans le civil, je suis ici pour faits de Résistance et je vais crever si je reste dehors dans mon kommando. Je ne vous ai encore rien demandé. C'est la première fois que je vous sollicite. »

Il ne fut insensible ni au fait que j'étais du premier convoi de N.N., ni aux titres dont j'avais fait état.

« Écoute, me dit-il, *j'attends incessamment des métiers de tissage. Le premier qui arrive, il est pour toi.*

– Je vous remercie, Monsieur Graff. »

Les appareils promis arriveraient sans doute, mais avant je serais mort. Je ne pouvais plus attendre. Alors je descendis, dépassant le kommando en formation route n° 2, je descendis encore et j'arrivai à la plateforme où se rassemblaient les gens de l'atelier de tissage de la Weberei. L'essentiel, c'était de ga-gner du temps, d'attendre que fût en route mon kommando. Je m'avançais vers le rassemblement. S'y accumulait toute une foule de gens plus ou moins reconnus inaptes, des convales-cents aussi. Mon kommando étant parti, je ne risquais pas d'y être ramené. Il restait à m'intégrer au nouveau kommando. Le kapo, m'apercevant, se mit à hurler et m'allongea un terrible coup de poing à la face qui me fit aller à terre. Un chef d'équipe luxembourgeois s'approcha de moi :

« Qu'est-ce qu'il y a, avec toi ?

– Je suis tombé de faiblesse à mon kommando et Willy Graff m'a dit de rester ici, dans cet atelier.

– C'est vrai tout ça ? Tu sais ce que tu risques : le SS vient contrôler tous les matins avec Willy Graff, si tu n'es pas en règle c'est la pendaison, le bunker en tout cas.

– Mais je ne mens pas, dis-je ! »

Et j'entrai avec les autres. Du travail ? Il n'y en avait point, pas de métier. Je trouvai à m'asseoir dans une longue file de gars qui attendaient comme moi que le temps passe. On était bien à l'abri dans l'atmosphère tiède de cette baraque. À dix heures, ainsi qu'on nous l'avait annoncé, entrent le SS accompagné de Willy Graff. Ils font le tour des bancs où sont en repos plus d'une centaine de détenus. Arrivé devant moi, Willy Graff surpris, marque un temps d'arrêt.

« *Tiens tu es là,* fait-il surpris.

– Oui,

– Eh bien restes-y ! »

Ainsi finit cette conversation.

J'avais eu très chaud...

Deux mois durant, j'ai pu m'abriter dans ce local. J'ai même réussi à améliorer mon ordinaire. Ne faisant rien, on était privé de casse-croûte à neuf heures du matin. Aussi, le troisième jour, je me faufilais dans un kommando qui allait travailler dans le jardin de SS. Là on recevait le casse-croûte, et en plus on trouvait parfois des raves ou des carottes dans la terre retournée. Il est même arrivé qu'on trouve quelques biscuits à chiens : le chenil était à proximité et les chiens recevaient une copieuse ration. Mais sentant de la jalousie chez certains, je n'ai pas continué cet exercice fort longtemps. Je risquais une dénonciation et un séjour au bunker. La vie dans cette cabane, la Weberei, fut à peu près sans histoire.

Miraculés ?

Tous ceux qui, déportés, sont revenus des camps, peuvent se regarder comme des miraculés. Plus spécialement ceux qui arrivèrent au Struthof en juillet 1943. Ils connurent des souffrances indicibles, mais leur volonté de vivre l'emporta. Je voudrais parler de quelques-uns.

François Faure, mis hors de combat dès le premier jour, fut chaque jour porté, puis posé à terre avec les autres blessés. Plusieurs fois par jour, le SS venait pour la correction rituelle, frappant sur les plaies, sautant sur les corps plus ou moins disloqués. Chacun peut se rappeler la chaleur torride qu'il fit cet été là. On était tous grillés, le visage plein de croûtes et de brûlures, aveuglés par les paupières gonflées qu'on ne pouvait ouvrir. Que penser alors de nos camarades malades, immobiles sous le soleil ardent ? Combien sont morts à la suite de ces traitements et de ce climat ?

Eh bien ! Faure est un des rares qui en soient revenus vivant.

Mars nous venait d'Alençon. Petit et gros, il avait perdu au bout d'un mois la moitié de son poids. Il s'est acharné à vivre, est allé s'allonger comme Faure, est revenu au travail. Dès que l'infirmerie nous fut ouverte, il y fût admis. Plusieurs fois, sa mort fut annoncée : il est revenu pourtant, malade mais vivant !

Je me souviens de Pinson. Ses morsures par les chiens s'étaient infestées. Les asticots grouillaient dans sa cuisse traversée par une sorte de tunnel. Je les ai vus, répugnants, chez eux. Il n'eût droit, comme soins, qu'aux pansements que les médecins pouvaient lui faire dans le block.

Le déporté allemand, Ferdinand, venait clandestinement, au péril de sa vie, au block 13. Il apportait du permanganate, quelques bandes de papier pour faire des pansements, quelques antiseptiques. Pinson atteignit le moment où l'on put entrer à l'infirmerie. Il y fut admis, soigné. Il est revenu bien vivant des camps !

Les médecins français dont je viens de parler étaient quatre : Boutbien, Chrétien, Lavoué, Planchey, dans le convoi de juillet 43. Je crois que c'est Lavoué qui, le premier, entra à l'infirmerie, se rétablit et devint infirmier. Il put soigner les déportés français. Par la suite, tous les médecins français entrèrent à l'infirmerie, s'imposèrent comme médecins et sauvèrent de la mort nombre de déportés de toutes nationalités.

À la Weberei, je n'étais pas mal, finalement. C'est pour y rester que je feintais divers kommandos. Voici comment je faisais : fallait-il soixante hommes pour compléter l'effectif d'un kommando ? On faisait sortir les hommes inactifs de la Weberei, on les alignait sur la place et on appelait les numéros. L'homme appelé devait rejoindre le groupe qui grossissait sur la plate-forme au-dessus. Personnellement, appelé plusieurs fois, je grimpais l'escalier, passais derrière les détenus déjà rangés mais je ne m'arrêtais pas et redescendais par l'autre escalier pour rejoindre les détenus qui, l'appel terminé, rejoignaient la Weberei. Ce coup là réussit jusqu'au jour où je fus appelé dans les premiers : le répéter quand on était au premier rang était trop dangereux.

Les amis ?
Je veux parler de quelques amitiés précieuses nouées à cette époque. J'avais déjà parlé d'André Thiébaut. Il avait une

rondeur joviale qu'on trouve assez souvent chez les Belges. Enjoué, excellent camarade, un peu "m'as-tu-vu ?", mais si bon cœur ! Ses amis belges qui n'étaient pas N.N., partageaient leurs colis avec lui. C'est par leur entremise qu'il arriva à la Weberei un appareil pour confectionner des bourrelets. Une fois dans la place, il me fit m'essayer à ce travail. Les bourrelets étaient confectionnés autour d'un noyau central, avec des cordages assez gros. Ces cordages, c'est une bonne centaine de déportés qui, à partir de bandes de cuir minces tressaient ensemble trois de ces bandes. Avec ce tressage on faisait une tresse plus grosse et on aboutissait au cordage. Mais ces bourrelets à la fin étaient vraiment lourds à manier. C'était bon de toucher un casse-croûte le matin, mais décidément je n'étais pas doué, ou trop faible. Après un essai de quinze jours, je dus abandonner.

C'est grâce à André Thiébaut, de son vrai nom Heyrmans, que je pus élargir le cercle de mes amis. Tous les Français étaient unis, bien sûr, mais ils n'avaient à partager que leur misère commune. Les Français se trouvaient à l'époque plus ou moins dispersés en divers kommandos, à part le maigre noyau qui restait de la Kartoffelkeller, les autres étaient noyés dans la masse la plus misérable du camp. Impossible de s'en tirer avec les seules rations de nourriture. Dentz qui m'avait parfois aidé, avait quitté le camp à la fin du kommando "Gazon" et je crevais littéralement de faim.

Un jour, je me trouvais avec Thiébaut, arrivèrent un Belge, Maurice Brüninck et un Luxembourgeois, Camille Schmidt. On parla de choses et d'autres. Timide, j'étais réservé, pas gênant. Au surplus, je devais être d'une maigreur quelque peu effrayante. Le lendemain, André me donna un peu de pain de la part de ses amis.

Par la suite, ils me donnèrent deux fois par semaine tout ou partie de leur soupe. C'était une aide énorme, eu égard à ce que nous recevions. Et le sentiment de se savoir épaulé, quel réconfort !

Je ne saurais passer sous silence, ni dire sans émotion ce qui arriva la nuit de Noël. Nous étions au block 13, André Thiébaud m'appela et me dit : « *Viens !* ». Dans un coin, un peu isolés, se tenaient Schmidt et Brüninck. Ils me remirent à André et à moi, un petit paquet pour notre réveillon. J'en étais touché aux larmes. Dans le cornet, il n'y avait pas grand-chose : un peu de sucre, un peu de chocolat, un peu de pain d'épices et de gâteau.

Mais il y avait surtout au fond de ce cornet la force que donne l'amitié !

C'était énorme, dans les conditions où nous vivions.
Une vraie fête !

Kochem

... Ce devait être au début mars 1944.

Nous sommes isolés dans un block et le lendemain de l'appel, nous partons sous bonne escorte, en camions, si je me souviens bien. Nous sommes environ trois cents de toutes nationalités, avec cent soixante Français. À Rothau, on s'entasse dans des wagons à bestiaux et on attend. À chaque extrémité du wagon un seau pour les besoins élémentaires. Enfermés avec nous, deux gardiens, ce ne sont plus des SS mais des soldats. Eux seuls peuvent passer le nez à la portière entrouverte et échapper à la puanteur qui gagne tout le wagon. Les Français étaient propres, quant aux autres, ils portaient des poux sur eux. Le voyage dura longtemps, plus d'un jour je crois, après quoi nous arrivâmes à Kochem. Cette ville est un gros bourg entre Trêves et Cologne, dans la vallée de la Moselle, un nœud ferroviaire important. Il nous fallut parcourir à pied les huit kilomètres qui nous séparaient de Bruttig. On les fit tant bien que mal en se soutenant les uns les autres. Nous sommes entassés dans une sorte de grange. Le lendemain c'est la partition du kommando en deux parts égales. Je reste à Bruttig, Les autres vont à Treis. Treis et Bruttig sont distants de six kilomètres environ, avec entre eux un long tunnel, une ancienne champignonnière qu'il s'agit de transformer en usine souterraine d'aviation. D'un côté du tunnel comme de l'autre, à Bruttig comme à Treis, on a vite compris : ce kommando nous ramenait aux pires jours de Natzweiler-Struthof à ceci près qu'on y était moins frappé et que la nuit, on nous laissait dormir. J'ai travaillé au tunnel. J'ai travaillé aux voies d'accès du tunnel qu'on voulait considérables. Des anciens de Natzweiler-Struthof, je n'en vois que fort peu : Darragon, Blaise Mengue, Marcel Leroy et moi. Les autres sont plus ou moins des nouveaux arrivés, quelques-uns avec leurs forces intactes.

Je voudrais raconter une histoire lamentable.

Je m'étais arrangé pour travailler à la pelle en plein air. On y était en vue, mais la longueur du chantier faisait qu'on pouvait échapper à l'œil du kapo ou du civil qui dirigeait et qui ne valait guère mieux. Un jour donc, attendant, appuyé à ma pelle, survient un Normand, fort, râblé, frais émoulu des prisons françaises. Il était là sur dénonciation de sa femme qui voulait vivre tranquillement avec son amant. Tout ceci pour expliquer qu'il n'avait aucun moral, qu'il avait peur des coups et qu'il croyait se racheter en travaillant dur. Il s'arrête donc et me demande de charger sa brouette. Je fais le sourd car il n'y a aucun kapo en vue, pas de civil non plus. Le Normand me dit :
« Dépêche-toi, tu vas nous faire matraquer.
– Écoute, vieux, ici la règle est d'en foutre le moins possible. Surveille de ton côté, je surveille de l'autre. Sitôt que tu aperçois un kapo, je chargerai, pas avant. Avec ce qu'on nous donne à bouffer, on n'y tiendrait pas. »

Et ne voyant rien venir, je continue, remuant de temps en temps mais ne chargeant pas.

« Vas-tu charger à la fin ? me dit-il,
– Non ! quand tu auras comme moi passé neuf mois dans les camps, tu comprendras. Mieux vaut recevoir un coup de trique que de remuer quelques pelletées de terre. »

Alors il explose :
« Nom de Dieu, je n'ai jamais travaillé comme ça ! Donne ta pelle que je charge !
– Moi non plus, je n'ai jamais travaillé comme ça, tu veux ma pelle ? Prends-la, mais à ce jeu tu vas crever. »

Le voilà qui charge sa brouette, il repart avec elle. Et moi je recommence, je charge des brouettes quand je ne peux pas faire autrement. Le Normand se retrouva devant moi quelques temps après:

« Charge, me dit-il,

– Non ! »

Et plutôt que d'attendre, il chargea lui-même et repartit avec sa brouette pleine. Et ainsi tout l'après-midi. Chaque jour je ne réussissais à charger que quatre à cinq brouettes, alors que d'autres en chargeait une vingtaine et mon Normand s'appuyait le transport de trente à trente-cinq brouettes.

Mais cette histoire a une suite triste: revenu au camp avec tous les Français, je croise une sorte de squelette ambulant. Il y avait un mois qu'on était de retour.

« Tu ne me reconnais pas ? » me dit-il.

Non, je ne le reconnaissais pas, puis je fus traversé par une lueur:

« N'es-tu pas celui que je refusais de charger à Kochem ?

– Si, et tu avais bien raison. C'est moi, oui, et voilà où j'en suis. »

Je ne l'avais pas reconnu tant il avait changé. Quatre semaines de Kochem, un mois de Natzweiler et voilà le résultat. Il est mort quelques jours après, vraiment, avec nos rations, il n'était pas possible de travailler davantage.

À Kochem, j'ai rencontré Lacassagne, professeur à Lyon et qui fut après notre libération député du Rhône, et puis Idée, instituteur à Belfort: très intéressants tous les deux. Hélas, Idée fut tué à Kochem. Un soir, en rentrant du travail, j'aperçus un attroupement anormal près de l'entrée : je reconnus Idée, un homme grand, intelligent. Il était adossé au pilier droit du portail, se tenant sur une seule jambe. Je me précipitai vers lui pour l'aider :

« Fous le camp, tu ne vois pas qu'ils veulent m'avoir ? Fous le camp, sans ça, ils vont t'en faire autant. »

Je remarquais alors l'officier SS et les kapos qui ricanaient à peu de distance d'Idée. De temps en temps, ils lui assénaient un coup, l'assommaient, le relevaient, le laissaient en repos pendant un certain temps, puis le même supplice recommençait. Pas un cri, pas une plainte sur les lèvres d'Idée. Il est mort dans la soirée. Nous, on nous avait enfermés dans le local.

Mais quel était son crime ?

Malade, il était resté au block pour la journée et il avait surpris les infirmiers et les kapos qui prélevaient de la nourriture pour eux. Ils se servaient largement de margarine, de confiture, de saucisson et ne distribuaient aux malades que la nourriture qui restait. Idée l'avait vu et protesté.

On l'a tué pour cela !

Les trois détenus dont nous étions sûrs qu'ils se livraient à ce larcin, deux Hollandais et un Français, reçurent au retour à Natzweiler la correction qu'ils méritaient. Je fus un de ceux que l'on chargea d'un rapport sur la vie à Kochem et sur les exactions de certains. J'en connaissais trois. Peut-être y en avait-il davantage ? Je fis un rapport qui ne ménageait personne car je n'avais pas digéré l'assassinat d'Idée. Des deux Hollandais, l'un mourut pendant la correction qui lui fut infligée, l'autre mourut sans soins à l'infirmerie. C'était un colosse Français, Adrien, du premier convoi qui fut chargé de punir avec l'aide de Belges et de Luxembourgeois. Le Français, un ancien de la Légion Étrangère, fut également corrigé de belle façon.

Je voudrais dire un mot de Blaise Mengue, un métallo de Toulouse, un communiste, arrivé lui aussi à Natzweiler en juillet 43. Chose curieuse, il s'était lui-même évadé, comme moi, de la caserne Bougenel, à Belfort ; mais pas du même côté que moi. Faisant le mur, derrière la baraque des Espagnols, à midi, il avait sauté en pleine place. Les usines, les bureaux, les magasins dégorgeaient leur monde et Mengue avait pu se perdre dans la foule. C'était aussi simple que cela, mais il fallait le faire. Bref, nous avons sympathisé dès le début. Nous retrouver ensemble à Kochem : cela renforça notre amitié. En terrassant dans la journée en ce début d'avril, nous trouvions des escargots prêts à sortir de leur coquille. J'en ai mangé crus, mais c'est vraiment trop répugnant. Nous en avions peut-être deux douzaines que Mengue portait dans sa poche. Arrivé au camp, lavage obligatoire. Tout à coup j'entends une énorme gifle qui s'abat sur Mengue et des hurlements :
« Cochons de Français ! »

Je vois trois ou quatre escargots, réveillés sans doute par la chaleur, qui escaladaient toutes cornes dehors, la veste de mon compagnon. Et les coups continuaient. Les Allemands avaient horreur des escargots et ils le manifestaient.

C'est de ce moment que se renforça l'idée d'une évasion. Déjà, à plusieurs reprises, faisant semblant d'avoir à y faire quelque chose, nous étions allés jusqu'au fond du tunnel. Il suffisait de prendre une échelle et d'y aller, personne ne vous arrêtait.

Si cela se produisait, on prenait l'air idiot du type qui ne comprend pas. Et puis sous le tunnel, il faisait très sombre. Nous avions soigneusement regardé les lieux à l'extrémité du tunnel. Nous étions allés jusqu'au bout. La Belgique était à moins de cent kilomètres. Crever pour crever, quelle importance ? On pouvait tenter l'évasion. C'était décidé, mais je dis à Mengue :

« Écoute, attendons un peu, dans peu de jours il y aura quelques légumes dans les jardins, les poules pondront, les vaches seront dehors, on ne mourra pas de faim ! »

Et nous remîmes notre évasion jusqu'après le 15 avril.

Il n'y eut pas d'évasion.
Nous fûmes ramenés à Natzweiler.
Les N.N. seulement.
Après neuf mois au Struthof et quatre semaines de Kochem, la mesure était comble : c'était la mort prochaine.

C'est le 5 avril que l'on entendit la nouvelle :
"les N.N. reviennent au camp".

Cela signifiait que tous les Français, plus quelques Hollandais, nous fûmes embarqués à Kochem et le 9 avril, le jour de Pâques 1944, nous étions au Struthof. L'état dans lequel nous arrivions, à pieds dans la neige, certains pieds nus, fit sensation. Outre ceux qui étaient morts à Kochem, près de quarante, nous comptions cinq cadavres de plus rien que pour le voyage du retour. Et cela seulement pour ce qui concerne les Français. Les camarades du camp, qui ne travaillaient pas ce jour-là, purent ainsi se rendre compte du malheur qui s'était abattu sur nous. Aussitôt, une chaine de solidarité s'organisa. Il y eut des suppléments de soupe. C'est là aussi, qu'on vint me demander un rapport écrit sur ce qui s'était passé pendant ces quatre semaines.

Pour en finir avec Kochem, je tiens à en signaler l'horreur où nous baignons. Un matin, au réveil, je constate la mort de mon voisin de droite, mais à ma gauche et au-dessus, il y avait également des morts. J'étais entouré de cadavres, morts pendant que je dormais. C'est assez terrifiant, même pour un déporté à qui la mort est familière. J'ai déjà signalé que cinq de mes camarades sont morts pendant le voyage du retour : mourir le jour de la résurrection, c'est triste !

Nous ramenions des poux avec nous. Dès notre arrivée à Kochem il avait fallu subir cette vermine. Tout au long du séjour là-bas, les poux s'étaient multipliés. Pour ma part, j'avais réussi à m'en débarrasser : sentant des poux sur ma poitrine, j'y avais placé un linge blanc. Plusieurs fois par jour, faisant semblant d'aller aux cabinets un peu écartés, j'arrachais brusquement ce linge et je ramenais ainsi une vingtaine de poux. Je secouais le chiffon, les poux tombaient, je replaçais le linge et je recommençais. À ce régime, je n'avais presque plus de poux. Cependant, comme les autres, je dus passer à la douche, du reste fort agréable et changer d'effets.

Tous les Français revenus de Kochem furent affectés au block 10. Le chef était Frantz Gutmann, un chic type autrichien qui avait servi dans la Légion Étrangère. Il parlait un peu le Français et aimait bien notre pays. C'était un ami de Maurice Brüninck et tout de suite il me désigna pour assurer la garde de nuit. Cela signifiait que je me couchais vers vingt et une heures, une heure après les autres et que je recevais un supplément de soupe appréciable. Mengue était désigné comme chef des corvées intérieures au block. En faveur des Français revenus de Kochem, un courant de solidarité se développait. Tous les jours plusieurs kilos de pain nous étaient adressés. Avec Mengue, j'étais chargé de la distribution. C'était délicat car il n'y avait pas suffisamment de pain, nous éliminions ceux dont le comportement à Kochem avait été discutable.

Nous avions très vite senti que le camp n'était plus le même. Kramer, le SS commandant le camp, était parti ainsi que plusieurs SS. La plupart des anciens matraqueurs étaient eux aussi partis, probablement pour colmater les brèches ouvertes dans l'armée allemande par les victoires alliées. C'étaient donc "les politiques", les "triangles rouges" qui maintenant dirigeaient le camp. Willy Benke, un communiste, faisait fonction de chef à l'intérieur du camp. Beaucoup de camarades français avaient trouvé à s'employer dans une place intéressante. Les médecins français soignaient à l'infirmerie.

Natzweiler était devenu un camp supportable.

Au block 10, il fallait évidemment se lever, se laver, aller à l'appel, faire son lit : mais on ne travaillait pas. C'était capital. J'eus tôt fait de renouer mes anciennes amitiés. Je parlerai plus loin des nouveaux que je me fis. Quant à ceux de mon affaire, Vidiani, Rambaud, Martin étaient morts et Paret n'allait pas tarder à les suivre, de sorte qu'il ne restait plus que Quittaud et moi.

Gutmann, presque chaque soir, recevait la visite d'un "triangle rouge" nommé Gasch. Ils bavardaient tout en buvant à petits coups le contenu d'une fiole de schnaps. Un soir, Gutmann m'appelle :

« *Tu ne voudrais pas travailler avec lui ?* » et il me montre Gash. Très vite, j'appris que le kommando de Gasch était tout ce qu'il y a de mieux dans le camp.

J'acceptais donc, heureux de ma chance.

La Bekieidungskammer

Ce kommando est celui que dirigeait Gash. Ce n'était pas autre chose que le magasin d'habillement pour les détenus. J'y entrais vers le 20 avril 1944. Au début, il n'y avait qu'un petit norvégien vicieux, Oscar, le général Delestraint et moi. Gasch était un peu ébranlé nerveusement par dix ans de camp. Un brave homme, au fond, mais changeant et vif. Il vouait au général Delestraint une véritable admiration, ce qui du reste s'expliquait: peut-être l'avancée des troupes soviétiques y était-elle pour quelque chose, mais je ne le crois pas. Oscar était un petit salopard tout jeune, 17 à 18 ans, et il me chercha noise dès le début. Gasch le soutenait et je dus la boucler.

Le général Delestraint était d'un homme de haut caractère, intelligent. Il avait des yeux lumineux dans un visage plein de bonté, de fierté, de gravité. Il inspirait d'entrée le respect. Nous eûmes de nombreuses occasions de parler. Il était catholique, mais pas sectaire et il devint sans tarder le chef moral et effectif des Français du camp... de tous. C'était un régal de discuter avec lui. Malheureusement, il dut s'aliter quelques semaines après son arrivée, faillit perdre la vie, souffrit d'un phlegmon à la cuisse. Il resta à l'infirmerie jusqu'au départ du camp, le 4 septembre 1944. J'allais très souvent le voir, chargé que j'étais de lui apporter un petit sachet de nourriture complémentaire. Je lui remettais le paquet: un peu de gâteau, du sucre, du pain blanc. Plusieurs fois il me proposa de partager avec lui ce que j'apportais, mais je refusais énergiquement et il n'insista plus. J'eus de longues discussions avec lui. Il était avec moi comme un père. En tout cas, nous sommes devenus deux amis. Le général parti, l'effectif de la Belkeidungskammer enfla assez rapidement et nous fûmes bientôt sept à y travailler. Ce kommando présentait plusieurs avantages, d'abord celui d'y manger à sa faim.

Natzweiler possédait plusieurs kommandos, tant en Alsace qu'en Allemagne : Sainte-Marie-aux-Mines, Cernay, Kochem, Neckarelz, Neckargerach... étaient de ces kommandos. Des camions venaient régulièrement au Struthof porter des vêtements à la désinfection. Puis ils passaient à la Bekleidungskammer prendre livraison des vêtements propres, de chaussures, etc.

À chaque fois, le conducteur laissait une caisse pour Gasch. Ces caisses contenaient des vivres, des boites de conserves, du schnaps aussi. Gasch se servait et nous abandonnait le reste. D'où venait le contenu de ces caisses ? Je ne l'ai jamais su.

En tout cas, du jour de mon arrivée à ce kommando, je n'eus plus faim et même très vite j'ai pu donner ma ration servie au block, à la solidarité, ou à quelques camarades comme Quittaud.

En outre, je régnais sur les pantalons, les vestes, les chaussures et cela me servit en plusieurs occasions. Par exemple, un des "proéminent" du camp voulait-il une chemise plus élégante ? Il venait me la demander, je la lui portais et j'avais accès au block où il était logé. Pour des vestes, des pantalons, ce fut la même chose et je me fis des amis dans le camp. Puis il m'apparut que les conditions du camp autorisaient et même recommandaient de monnayer ces cadeaux : ce que je fis pour le plus grand profit de mes camarades, dont certains continuaient à avoir faim.

Un jour, le chef des cuisines, qui avait deux ou trois "mignons" à son service, me demanda un pantalon fantaisie pour l'un de ses protégés. Je lui en portais trois.

Il en choisit deux et me déclara :

« Tu sais, tu n'as pas à te préoccuper de ta nourriture. Tu viens ici quand tu veux, tu reçois du pain, de la soupe épaisse, enfin ce qu'il y a dans le camp. »

Je ne m'en privais pas. Bref, j'étais bien placé pour tenir le coup et pour aider certains camarades en détresse. J'ai pu aussi apprendre l'allemand tel qu'il se parlait dans le camp et cela me servit beaucoup.

Mais ce que j'ai le plus apprécié, c'est les bonnes siestes que j'ai pu faire dans l'Effekrenkammer. Dans les manteaux, je m'étais fabriqué une cache confortable et, par le sommeil j'ai pu rétablir une santé pendant longtemps chancelante. Finalement, ce kommando renforça ma santé et ma position dans le camp. C'est ainsi que j'avais mes entrées dans tous les blocks, y compris ceux de l'infirmerie, cela me permit en particulier d'y porter, chaque soir, un petit paquet pour le général Delestraint.

Les roubles de Berthier

J'avais fait amitié avec deux Luxembourgeois, Raymond Arindorf et Henri Binsfeld. Ils travaillaient comme horlogers, c'est dire la considération dont ils jouissaient auprès des allemands, en ce lieu éloigné de tout. C'étaient de braves gars, et je les voyais souvent. Un jour, Berthier, un instituteur communiste de la Côte d'Or, s'approcha de moi et me dit :

« Écoute, j'ai trouvé deux pièces d'or dans la doublure de ma veste. »

C'était formellement interdit, non pas de trouver de l'or, mais de le garder. C'était puni de mort. Comment faire pour monnayer cette découverte ? Et Berthier avait pensé aux deux Luxembourgeois. Effectivement, si cet or pouvait se transformer en aliments, ils étaient mieux placés que quiconque. Mais il y avait tout de même un risque. Avec précaution j'en parlais à Arindorf :

« Raymond, écoute, si quelqu'un trouvait de l'or, est-ce que cela t'intéresserait ?

- Bien sûr et que demanderait-il en échange ?

- C'est à discuter » répondis-je.

Le lendemain, je lui amenais Berthier, en précisant : « un instituteur français ». Ils tombèrent d'accord. Pendant trois semaines, Berthier eut une soupe supplémentaire et quelques morceaux de pain d'épice. Les trois semaines écoulées, je retournais voir Arindorf :

« Pour une deuxième pièce, c'est le même marché ?

- Bien sûr, et s'il y en a d'autres, je suis preneur. »

Que sont devenues ces pièces d'or ? C'étaient des roubles. L'or était très recherché en Allemagne, beaucoup trafiquaient, voulaient se prémunir en cas de besoin. Quoiqu'il en soit,

Berthier reçut régulièrement sa soupe. Quant à moi, je fus introduit dans le block n° 2 des Luxembourgeois ou logeaient également des Belges non N.N. Tous les privilégiés du camp étaient là: chefs de travail, principaux kapos, secrétaires... Il y avait aussi des échiquiers et je disputais quelques parties. Je me hissai au plus haut niveau que pouvait atteindre un déporté français, sauf les médecins évidemment.

Il faut préciser que le camp recevait de plus en plus de monde, des Français surtout, mais qu'il se vidait surtout des Allemands qui partaient en masse dans l'armée. De cette manière, mon numéro 4502 devenait de plus en plus bas dans le camp. Quand celui-ci fut évacué, à peine cent détenus étaient plus anciens que nous, les Français N.N. de 1943. De Bassompierre y fit une courte apparition en juillet 1944.

Natzweiler : les derniers mois !

Dès mon retour au Struthof, j'avais retrouvé Quittaud qui me dit :

« Par un Polonais, j'ai trouvé le moyen de donner signe à nos familles. Lui, il a le droit d'écrire, mais il n'a pas de famille. Certes, il faudra partager avec lui les colis qui seront envoyés. »

Et nous voilà rédigeant un texte qui devait éclairer nos épouses sur notre présence, en vie, à Natzweiler. Et la lettre partit. Hélas, le Polonais mourut et nous n'eûmes aucun écho à notre lettre. J'ai su, à mon retour, qu'elle était bien arrivée et correctement interprétée par Madame Quittaud et par ma femme. Sachant où nous étions, elles s'étaient senties rassurées. Un colis fut envoyé, mais la mort du Polonais stoppa toute possibilité d'échange. J'ai appris aussi leur angoisse après l'évacuation du camp.

Rappelez-vous : le Struthof fut le premier camp libéré par l'Armée Française.

Des récits plus ou moins exacts, mais atroces, furent passés à la radio sur les horreurs de ce camp. Dès lors, la vague inquiétude de nos épouses se changea en une crainte totale. Elles nous crurent morts. Le maire de Saint-Étienne fit des démarches pour nous retrouver.

En vain, toujours en vain.

Il était persuadé que nous étions morts. Du reste, il ne se trompait guère. Je suis le seul à en être revenu.

Mon travail, chez Gasch, consistait essentiellement à faire le ménage dans son bureau, à mettre les ordures ramassées dans un seau, avec les cendres du poêle et à vider le tout dans un ravin proche de la porte du camp. De là, je devais revenir au block, mais Gasch n'était pas très regardant et je pris l'habitude de faire auparavant un assez long tour dans le vaste pré qui dominait le camp. Ce pré se situait hors du camp, mais en deçà du rideau extérieur des sentinelles. Il y poussait une quantité de fleurs et j'en ramassais un bouquet que je posais sur le bureau de Gasch, dans une boîte de conserves.

« *Schön* », fit-il en admirant l'effet produit, voyant qu'il était content, tous les deux jours je ramenais un nouveau bouquet.

C'est que je me plaisais dans cette belle nature. Un jour je m'aperçus qu'il y avait à la fois des coquelicots, des marguerites et des bleuets, de quoi faire un bouquet aux couleurs de la France. Gasch le remarqua mais ne dit rien. Je crois qu'il haïssait le nazisme et lui préférait, et de loin, la France.

Cela se passait plus tard, en mai ou juin. J'appris un jour qu'un autre général était arrivé à Natzweiler. Il s'agissait du général Frère. J'en parlais à Delestraint, le visage subitement fermé, il me dit :
« *Je ne veux avoir aucun rapport avec ce Monsieur !* »

Comme je le regardais stupéfait, il ajouta :
« *C'est lui qui présidait le Conseil de Guerre qui condamna De Gaulle à mort.* »

Peu de temps après, le général Delestraint entrait, malade, à l'infirmerie.

Quant au général Frère, il est mort peu après son arrivée, de la diphtérie, m'a-t-on dit. L'ensemble des Français, gaullistes comme communistes, lui reprochaient d'avoir condamné De Gaulle à mort. Il était tenu à l'index par la plupart des Français du camp et également par nombre d'Allemands détenus au camp. Bref, je l'ai à peine entrevu. À l'infirmerie, soigné sans aucune vigilance, il mourut dans l'indifférence générale.

« On l'a laissé crever » m'a-t-on affirmé par la suite.

Aussi, est-ce à ma grande stupéfaction que j'ai pu lire sur la voie qui mène à l'entrée du camp :
"Avenue du général Frère".

Pourquoi, si on voulait honorer un général, il n'en manquait pas à être passés par Natzweiler et même à y être morts comme c'est le cas pour le général Jouffraud. Delestraint n'est pas mort au Struthof, il fut abattu à Dachau.

Choisir le général Frère pour désigner l'avenue qui mène au camp, c'est une dérisoire provocation, une insulte à la Résistance.

Faut-il y voir une opération politique ?
Pourquoi pas ?
En tout cas, un travail de faux-frère.

Je l'ai déjà dit, Delestraint jouissait de l'estime unanime dans le camp. À l'infirmerie, où j'allais le voir tous les jours après le travail, il me dit :
« Il y a dans la salle à côté un général. J'aimerais que vous fassiez quelque chose pour l'aider. »

Effectivement, j'allais saluer Jouffraud de la part de Delestraint. Faire quelque chose pour lui ? Frappé d'occlusion intestinale d'origine cancéreuse, il ne se nourrissait plus. Il est mort sans une plainte, peu de temps après, au début de Juin. Un autre jour, Delestraint me signala la présence de l'évêque de Clermont-Ferrand. Intéressé par cette présence inhabituelle, j'allais le voir et à sa demande j'ai pu lui fournir un pantalon. Ce prélat, Monseigneur Piguet, s'était réfugié dès son arrivée à l'infirmerie. J'ai appris par la suite qu'il avait été libéré à Dachau.

Roger Linet me demanda de l'introduire auprès de Delestraint. Rendez-vous fut pris dès le lendemain. Ce qui fut dit, je n'en sais rien, combien de fois ils se rencontrèrent, je ne le sais pas davantage. Linet allait voir Delestraint accompagné d'un camarade, Max Nevers, je crois. Ils firent sur Delestraint une impression très favorable et celui-ci me dit un jour :

« Savez-vous qu'ils sont vraiment très bien ces communistes ? Tellement sincères et prêts à servir. »

C'est en avril 1944 que je rencontrais Gayot. À mon retour de Kochem, on me signala la présence d'un professeur à l'infirmerie. C'était Gayot. Malade à la suite des mauvais traitements subis à son arrivée au camp, il était en train de se remettre. Il enseignait le dessin au Lycée de La Rochelle. Tout de suite, nous avons sympathisé. Après avoir bavardé un moment, je suis parti, me promettant de revenir et en effet, je revins le voir plusieurs fois jusqu'à sa sortie de l'infirmerie. Prisonnier de guerre, il avait été libéré pour raison de santé. Entré en contact avec la Résistance, il s'était chargé de faire le plan des bases navales allemandes à La Pallice, et il avait été pris. Cela l'avait conduit à Natzweiler en mars 1944. Ses qualités de dessinateur furent vite reconnues. Peut-être l'ai-je aidé ? Je ne me souviens plus. Très vite, il fut affecté au kommando très recherché de l'Effektenkammer. Il travaillait seul dans un petit local, il était censé repeindre les panneaux de signalisation pour l'ensemble du camp, extérieur et intérieur. En fait, il fit des portraits, sur photo ou d'après nature, de camarades. J'ai perdu le mien que je n'ai pu emporter à Dachau. Quant à Gayot, son avenir était maintenant assuré. Je l'ai vu très souvent dans son atelier. J'ai déjà dit que chez Gasch, il y avait peu de travail et je circulais d'un atelier à l'autre. J'allais donc voir Gayot et nous discutions, racontant nos histoires respectives. Une confiance absolue s'établit entre nous, c'est au cours de ces convocations qu'il fit mon portrait.

Certains s'étonneront peut-être, mais ils auront tort. Le Struthof, qui fut un camp plus que féroce jusqu'en septembre 1943, s'adoucit peu à peu pour devenir, après que Willy Benke ait été nommé "Lagerältester" (doyen du camp) jusqu'à devenir un camp modèle où les seuls adversaires à redouter étaient la faim et aussi les maladies.

On put alors voir des déportés nouveaux arrivés, se cacher dans un coin pour fumer une cigarette, et cela en plein travail !

J'en ai engueulé plusieurs :
« Mais vous êtes fous ! Si le SS arrive c'est tous les Français qui vont trinquer ! »

C'était de l'inconscience, et pourtant ces derniers venus avaient raison : les SS étaient pour la plupart sur le front de l'Est, les kapos verts étaient partis eux aussi, les gardiens étaient en grande partie des soldats de la territoriale approchant de la cinquantaine et pas mauvais avec nous. Tout contre l'atelier de Gayot, il y avait l'atelier de radio. On y réparait les postes en panne apportés par les SS ou par les autres gardiens. Les déportés luxembourgeois qui occupaient l'atelier avec des communistes allemands gardaient toujours au moins un poste en réparation, en état de marche. Ils ne rendaient un poste réparé qu'autant qu'un autre poste en panne leur arrivait. C'est ainsi qu'ils étaient informés de toutes les nouvelles.

Gayot a été le premier déporté français à apprendre le débarquement allié, le 6 juin 1944. La libération de Paris, nous l'avons aussi très vite apprise. Et bientôt tout le camp l'a sue. J'ai compris alors, comment dans ce camp isolé nous parvenaient les nouvelles, en particulier celles que j'entendais le soir, à la chambre du block 13, en juillet 1943.

Assez rapidement, il devint évident que les alliés arriveraient bientôt jusqu'à nous. À l'époque nous étions chaussés de claquettes. Pour courir et se battre, mieux valait des chaussures de cuir. Fin juillet 1944, Linet me demanda de sortir des souliers de cuir. Il me demanda aussi de prendre la responsabilité de six hommes solides et sûrs. Il m'appartenait de trouver ces hommes et mon regard se tourna vers Gayot: avec les Charentais arrivés en même que lui, le groupe fut vite reconstitué. Je fus, je crois, le seul responsable de groupe à n'être pas communiste, il est vrai que je n'en étais pas loin.

Comment faisais-je pour sortir des souliers de la Bekleidung?

C'était très simple. D'abord j'ai servi, hors du camp, pendant le travail, quelques camarades faciles à atteindre.

Ensuite, il fallait chausser ceux qui étaient dans le camp. Deux moyens s'offraient à moi que j'ai tous les deux employés.

Premier moyen: monter au travail en pantoufles et en redescendre le soir, chaussé de cuir.

Deuxième moyen: prendre un sac sur l'épaule, passer devant le SS qui garde l'entrée du camp et déclarer que je porte le sac à la désinfection. Jamais le SS ne se serait risqué à vérifier. La désinfection! Des poux sans doute! Pouah! Je sortis environ une trentaine de paires de chaussures ainsi que des tricots et d'autres pièces de vêtement. Je les portais au block que dirigeait à l'époque Linet, il se chargeait de la répartition.

À vrai dire, il apparaissait qu'il faudrait bientôt se battre. J'ai toujours pensé que rejoindre le maquis alsacien n'était pas impossible et que prenant l'ennemi à revers, nous faciliterions l'avancée des Alliés, nous serions délivrés plutôt. Hélas, tout le maquis fut exterminé autour du camp et il n'y eut pas de tentatives d'évasion collective.

Une chose me revient: Gayot passa les après-midi de plusieurs dimanches dans les combles de son block devant des cartes Michelin car il devait reproduire en plusieurs exemplaires, en les agrandissant, tout le secteur autour du camp. En fait, je n'ai pas quitté ce brave et très cher ami pendant les mois qui suivirent. Durant le transfert du camp à Dachau, puis à Allach, nous sommes restés ensemble. Nous avions perdu tous nos avantages de Natzweiler et il fallut s'adapter à la nouvelle existence. Nous étions dans un camp de quarantaine, et il n'y avait rien à faire. Les chefs de block de Natzweiler avaient été reconduits à Allach. J'avisai un de ces chefs de block que j'avais connu à Natzweiler et voyant sa chambre sans ornements, je lui proposais de la faire décorer. Je connaissais un peintre : c'est ainsi que je mis Gayot à contribution. Il n'avait ni couleurs ni pinceaux : il se débrouilla avec du charbon de bois et je ne sais trop quoi. Bientôt on pût voir au-dessus du lit du chef de block, une femme allongée, dans une pose languide. Dès lors, Gayot fut lancé : d'autres chefs de block voulurent avoir, eux aussi, leur cagna décorée. C'est ainsi que Gayot devint décorateur du camp d'Allach, une fois la quarantaine finie.

Mais revenons à Natzweiler.

Gayot est le seul véritable ami que j'ai rencontré dans le camp du Struthof, le seul avec qui j'entretienne encore, en 1976, des relations suivies. Mais j'y ai noué d'autres liens d'amitié.

Le docteur Ragot, un bon camarade. Je lui avais apporté, à sa demande, une paire de chaussures en cuir. J'ai appris sa mort avec peine, après la libération.

Il y eût aussi Diefenthal, qui faisait office de dentiste au camp. Il disposait d'une sorte de cabinet dentaire. Comme il était très sociable, on se rassemblait volontiers à quatre ou cinq le soir dans son "salon", le dernier où l'on cause car la conversation était facile et j'apprenais avec joie les nouveaux succès alliés.

Dès que je fus affecté au kommando de Gasch, il m'arriva souvent de compléter les informations. La bonne humeur était de règle, les plaisanteries fusaient, mais il n'y avait pas que des plaisanteries...

Les bourreaux

Avant de quitter Natzweiler, je voudrais dire quelques mots sur les SS et leur chef, le commandant Kramer.

Il sévit à Natzweiler jusqu'en mai 1944. Son adjoint, Seuss, demeura au camp jusqu'à son évacuation de même que Fuchs, Fernandel et Nietze.

Kramer, jugé à Bergen-Belsen, fut pendu à la Libération, mais auparavant, que de tortures infligées, que de crimes peut-on lui imputer ?

Et d'abord les pendaisons, parfois massives, comme ce fut le cas pour les officiers soviétiques, auxquelles j'ai assisté.

On lui impute aussi la mort de trente femmes juives. Leurs effets furent retrouvés au magasin d'habillement.

On lui impute la mort d'un convoi de tziganes, passés à la chambre à gaz.

Après le départ de Kramer, les exécutions ne cessèrent pas. Si les kapos ne frappaient plus, les SS tuaient encore.

En juillet 1944, quatre femmes enchaînées arrivèrent au camp. Grosse animation parmi les déportés. Les femmes sont isolées dans un block, la consigne est donnée de veiller à fermer tous les blocks. Les SS des miradors ont consigne de tirer sur quiconque sort ou se met à une fenêtre. Les SS veulent agir sans témoins et ils éloignent même les kapos qui travaillaient à la désinfection.

Il a dû se passer des choses extraordinaires ce soir-là.

Le lendemain, Gash est arrivé au kommando bouleversé, le visage décomposé. Je n'ai pu savoir ce qu'il avait pu surprendre depuis sa baraque située près du four crématoire. Il nous a fait comprendre qu'il avait entendu des clameurs folles. Il en était encore horrifié.

Gash était dans l'ensemble, je l'ai dit, un brave type. Un jour, il me dit qu'il y avait du thé, je n'avais qu'à prendre un broc et me rendre aux cuisines du camp, on m'en donnerait. Toujours heureux de profiter d'une occasion de sortir de sortir, je prends un broc et j'arrive à la porte du camp. Là, il fallait sacrifier à la cérémonie rituelle :
« Détenu 4502 rentrant au camp pour y prendre du thé. »

Le garde à vous était indispensable :
« Va ! » me fut-il répondu.

Je vais jusqu'aux cuisines, le responsable, un Allemand qui avait servi dans la Légion Étrangère et habitait Poitiers, parle français avec moi et me sert le thé. Pour repasser la porte, même chose qu'à l'aller :
« Détenu 4502 revient des cuisines, toujours au garde-à-vous.
– Bon », me répond-t-on.

Comme il faisait chaud cet été-là, j'allais chaque jour chercher du thé et je pris même une réelle aisance pour passer la porte. Je le faisais d'ailleurs plusieurs fois par jour jusqu'au moment où le SS de garde me dit :
« Bon, ça va ! »

Seuss arrive :
« Quoi ? » s'exclame-t-il.

Je répète mon histoire de thé, j'avais du reste mon broc à la main.

« Va, on vérifiera. »

Je rentre au kommando assez rapidement, plutôt anxieux, car Seuss me suivait à quinze mètres. J'entre dans la baraque et je hurle: Seuss arrive ! Et en effet Seuss arrive cinq secondes après moi. Il voulait savoir ce que j'étais allé faire dans le camp. Qu'un Français, un N.N., ait cette liberté d'aller et de venir, d'entrer et de sortir, cela le dépassait. Heureusement il y avait alors des Lorrains qui s'étaient intégrés au kommando de Gasch. Je comprenais un peu l'allemand tel qu'on le parlait au camp, mais j'étais bien incapable de comprendre le langage de ce SS. Les lorrains lui expliquèrent le cas. Seuss partit enfin:

« Je vais demander au kapo des cuisines et si tu as menti, malheur à toi ! »

Le soir, rentrant du travail, je bondis à la cuisine et je dis au kapo ce qu'il était arrivé, le priant, si Seuss le questionnait, de parler dans le même sens que moi.

« C'est déjà fait. Seuss est passé et je lui ai montré la circulaire du médecin SS recommandant de servir du thé sur les chantiers pendant l'été. Tout est en règle. »

Quel soulagement pour moi ! Je l'ai échappé belle ce jour-là, car Seuss était le plus redouté des SS.

Peu avant l'évacuation, on vit arriver, le soir surtout, des camions pleins de prisonniers. On les menait directement au crématoire. Les camions se succédaient. Pendant quatre jours, nuit et jour, sans arrêt, le crématoire n'a cessé de brûler, sa cheminée était rougie jusqu'en haut par la chaleur. Il n'est pas nécessaire d'avoir beaucoup d'imagination pour comprendre ce qu'on faisait de ces prisonniers :

On abattait et on brûlait... On abattait et on brûlait...

Je ne sais combien les SS en ont passé ainsi au crématoire ?

Cent ?
Peut-être plus ?

C'est après seulement que j'ai appris la vérité. Autour du camp, il y avait un maquis. Certaines intelligences s'étaient même établies entre les dirigeants du maquis et les détenus. Quelle imprudence avait été commise ? Un beau jour les SS du camp, avec un renfort de troupes, décidèrent d'intervenir. Le maquis traqué se rendit. Pas un de ces combattants n'a survécu.

L'extermination de ce maquis flanqua en l'air tous nos projets d'évasion. À Allach, j'ai appris que Max Nevers, par l'intermédiaire d'une fille de Rothau et avec la complicité d'un vieux gardien allemand, avait établi une liaison avec le maquis. Sa destruction avait ruiné nos espérances d'évasion. Bref, il ne se passa rien.

Pendant les neuf premiers mois de notre séjour à Natzweiler, ce camp eut une réputation terrible. Parlant de Buchenwald, de Dachau, des Allemands, anciens du camp, disaient : "Sanatorium". Et en effet, nous vîmes arriver un petit convoi de déportés venus de Buchenwald. Parmi eux, un parlementaire belge. Tous, ils avaient un visage normal, sain, ils étaient en bonne santé : tandis que nous...

Preuve évidente qu'à Buchenwald, ça ne se passait pas comme au Struthof: on y crevait, à petit feu, jour après jour...

Nous voici à la veille du départ, le camp va être évacué, mais la mort continue à frapper, la faim, le typhus font des ravages. Les médecins français sont nombreux à l'infirmerie, ils soignaient les malades et les Français préfèrent avoir affaire à eux, question de langue mais aussi de qualité de soins.

Un détenu me raconte

Il s'appelait Alexandre Lapraye, je l'ai connu au Struthof, né à Paray-le-Monial.

Il vit en 1976 dans un village des Hautes Pyrénées :
« ... J'avais seize ans à peine, quand je fus déporté à Natzweiler. Une affaire de maquis qui s'était mal terminée nous avait conduits, là, quelques camarades et moi. Arrivé le 23 mars 1944, j'avais le numéro 8626. À peine arrivé, je tombais gravement malade : une scarlatine. En général, ça ne pardonnait pas dans les conditions du camp, mais je fus si bien soigné par le docteur Lavoué, médecin déjà âgé, que je me remis. Il me souvient que, durant ma maladie, je vis arriver un malade plutôt âgé. J'étais déjà un convalescent, je pouvais circuler un peu ; on installe ce malade sur une couchette, je m'approche et me présente :
« Lapraye, et vous ?
– Frère, général d'armée », me répond-il.

J'en suis resté un peu interloqué.

Quant à Lavoué, il se prit d'amitié pour moi et me garda dans son block au Revier, en qualité d'infirmier. Pourquoi moi et pas un autre ? Mon âge, sans doute et peut-être le sentiment qui lie un médecin au malade qu'il vient d'arracher à la mort. Du reste, si j'étais infirmier, il y avait là le meilleur moyen de veiller sur ma convalescence.

Donc je travaillais au Revier des tuberculeux n° 7. On ne donnait pas que des soins médicaux dans ces blocs d'infirmerie du Revier : on y opérait aussi.

Certes il n'y avait pas de bloc opératoire, pratiquement pas d'anesthésie, mais on opérait quand il n'y avait pas moyen de faire autrement.

En fin d'après-midi, le 25 août, je vaquais à mes occupations en compagnie de Joël Le Tac, je me sentais bien, pas de problème de nourriture ni de santé, lorsque je vis entrer Lavoué. Il m'appelle et me lance à brûle-pourpoint :

« Lapraye, mon petit, vous avez le typhus. »

J'avais une telle confiance en lui que je ne posais aucune question. Quelques instants plus tard, je me trouvais tout à fait perdu, au bloc n° 8, au pavillon des typhiques. Mais, typhique, je ne devais pas l'être car je me tapais une bonne gamelle de soupe et j'en aurais bien mangé davantage.

Le bruit persistant d'un transport à Breslau circulait dans le camp. Plusieurs de mes camarades y étaient partis, dont on n'avait plus de nouvelles. Breslau avait une sinistre réputation. Pour la plupart des gens qui y étaient envoyés, cela signifiait la mort :

Jugé… Condamné…Fusillé.

J'ai su plus tard, que cela se passait ainsi et c'est pour empêcher mon transfert qu'on m'avait mis avec les typhiques.

Dans la soirée, Lavoué revient et me dit :

« Alex, vous avez une crise d'appendicite. Il faut vous opérer. Vous avez mangé ? C'est très embêtant, mais il faut vous opérer d'urgence. »

On me pose sur un brancard et je suis dans la salle où on opérait. Je commence à être inquiet et je demande à Lavoué :

« Mais qu'est-ce qui se passe ?

– Mon petit, vous êtes désigné pour Breslau… C'est tout dire. C'est pourquoi il faut vous opérer. »

Les chirurgiens, déportés comme nous, Laffite et Bogaerts sont là. Pour donner le change au médecin SS, ils frottent et pincent énergiquement au niveau de l'appendice, l'emplacement devient tout rouge. Le médecin SS est convaincu qu'il y a bien urgence à opérer. Et il sort. Je suis alors opéré, mais je n'ai aucun souvenir de l'opération.

Quelques jours plus tard, encore convalescent, c'était l'évacuation du camp vers Dachau. Ma plaie s'était rouverte durant le transport et je fus admis au Revier n° 1 pour y être soigné.

Vers la fin d'Octobre, alors que j'étais pratiquement rétabli, arrivent l'infirmier en chef, un Tchèque et un autre infirmier, Polonais, celui-là. Ils me demandent de les suivre à la salle des pansements. Là, ils font brusquement éclater ma plaie. Furieux, je me redresse et les engueule:
« Vous voulez me tuer, non ?
- Les SS rechercher toi, nous pourrons te mettre intransportable » me dit le Polonais.

Et c'est ainsi que, un seconde fois, je suis sauvé d'un transport à Breslau. Finalement, je suis resté au Revier, une fois rétabli, je fus affecté au service de la poste toujours au Revier.

Contrastes

Quelques réflexions avant de quitter ce camp pour n'y plus revenir. Ce camp était celui des contrastes, tout différent de Dachau, d'Allach ou d'Augsbourg.

Le site d'abord: le camp atroce, inhumain, juché sur une montagne belle, luxuriante. Que de grâce dans ces vallonnements, dans cette vallée de la Bruche, les maisons de Schirmeck, les contours du Donon! Que de couleurs, la fameuse couleur bleue des Vosges. Les forêts s'illuminaient parfois sous le soleil rasant d'octobre. Les feuillages d'automne jetaient toute la gamme des plus riches colorations.

Cependant qu'à côté, tout à côté, dans ce camp loin de tout, on tuait, on assassinait chaque jour.

Le camp était entouré de formidables barbelés parcourus par un courant électrique à haute tension. C'est pour les avoir touchés que le Français Léon Aubrun mourut en juillet 1943. Dans le même temps, une rafale de mitrailleuse l'abattait. C'était au ravin de la mort, là où le kapo nous précipitait au-delà des limites permises.

Vous voulez savoir comment est mort Périer? Au repas de midi, ce jour de juillet 1943, Périer est à côté de moi. Il se tient mal, bavote dans sa gamelle et aussi dans la mienne de sorte que je l'engueule un bon coup. Rien n'y fait. Il ne peut plus se tenir, même assis. Alors je le sors de la table et je l'assieds sur le plancher, bien calé dans l'angle que fait l'armoire sur le mur.

L'appel retentit. Tout le monde se lève et je vais pour aider Périer à se lever. *« Merde alors, Périer est mort »* clamais-je aux camarades.

Il n'avait rien dit, il est mort comme ça, sans gémir, sans même râler. Il a fallu le monter jusqu'à la place d'appel. Après, une seule direction pour sa dépouille : le four crématoire.

Dans ces barbelés pratiquement infranchissables, électrifiés, qui entouraient le camp, il y avait des miradors, un tous les cent mètres et un aux angles. Dans le mirador, un SS avec sa mitrailleuse. Des patrouilles de SS circulaient la nuit dans le camp. Aux portes du camp, à l'extérieur, des SS et leurs baraques. Ils étaient plus de deux cents.

Par contre, à l'intérieur du camp, les SS paraissaient à peine, sauf au four crématoire, pour les exécutions et aux heures d'appel.

À l'intérieur, les maîtres du camp, les "triangle vert" commandaient. Aidés des kapos, ils avaient droit de mort sur nous et ne s'en privaient pas : ils frappaient à coups redoublés. Il y avait une certaine hiérarchie :
– le chef de camp et son adjoint,
– le chef de travail et son adjoint,
– le secrétaire et son adjoint,
et puis les kapos, très nombreux et dont l'importance était variable avec celle du kommando, les chefs de block et les chefs de chambre.

Au total, environ trois cents seigneurs du camp. Ils avaient presque tous un ou deux protégés, des "mignons"; tous les autres détenus subissaient tous les tourments, pire que les esclaves. Un kapo, un chef de block étaient pour chacun d'eux, aussi redoutable que les SS, sinon plus.

Et voilà où intervient l'inimaginable.

Dans ce camp, il y avait un orchestre, un groupe théâtral s'efforçait de jouer de petites comédies. Il n'y avait pas de Français, évidemment. Je me rappelle l'après-midi de Noël, où l'on nous conduisit, non pas au travail, mais dans un block admirer une sorte de concert et de pantomime de mauvais goût. L'été, il y eut certains dimanches des séances de cinéma. J'y suis allé, c'étaient des fims pour les SS mais on était assis.

Ai-je déjà parlé de la distribution de bière par les "proéminents" ? Il fallait des bons-prime pour y avoir droit. Le four crématoire fumait, pendant que les rires fusaient sur la plate-forme et que les buveurs devisaient, ma foi, joyeusement.

Sont passés au camp quelques personnages importants, malheureusement sans aucune importance ni intérêt pour nous. Par exemple plusieurs généraux arrivèrent sur le tard, l'évêque de Clermont, le prince Sixte de bourbon et le prince de Bourbon-Parme. Je ne les ai pas tous vus, mais j'en connaissais la présence au camp.

Inutile de préciser que de toutes ces personnalités, une seule a travaillé dans un kommando : c'est Delestraint qui avait notre affectueuse confiance à tous, y compris aux "politiques" allemands.

Ajoutons pour terminer que les médecins Français devinrent peu à peu médecins dans le camp. Ils désignaient eux-mêmes leurs infirmiers. Ils firent infiniment de bien pour les Français malades. Heureusement pour eux, ils étaient dispensés de ces terribles appels qui duraient parfois plusieurs heures ; ils n'étaient pas frappés. Ils mangeaient à leur faim. C'est ce qui permit à plusieurs d'entre eux de survivre.

En particulier, si on fait le compte des déportés de juillet 1943 au Struthof, il y avait quatre médecins, trois sont revenus: Lavoué, Chrétien et Boutbien. Seul le docteur Planchet est mort à Dachau.

Par contre, je suis arrivé avec cinq camarades de mon affaire: les cinq sont morts, quatre au Struthof, le dernier, Quittaud, trois jours après la libération finale des camps, à Allach. Seul j'ai survécu...

À la fin, quand Willy Benke eut pris la direction du camp, plus de matraquage par les kapos ou les chefs de block. Seuls les SS quand il leur en prenait fantaisie, se livraient encore à une fureur homicide. Mais l'avance des Soviétiques et des Alliés devait leur donner à réfléchir, car ces accès étaient de plus en plus rares.

Dachau : n° 102 433

Nous avons quitté le camp du Struthof le 3 ou 4 septembre 1944, à pied, à travers la forêt dense dans laquelle serpentait une route à peine carrossable. Nous avions convenu d'un signal qui devait déclencher notre insurrection. Nous devions attaquer les SS, prendre leurs armes et nous enfoncer dans la forêt. Mais il n'y eut pas de signal, pas d'évasion.

Malgré la preuve de l'avance alliée apportée par l'évacuation, ce camp, nous le quittions sans allégresse. C'est que, instruits par l'expérience, nous redoutions les lendemains. Je me rappelais Kochem. Le camp de Natzweiler n'était-il pas devenu, au fil des mois, de moins en moins cruel ? Tandis que, où nous allions, quel sort serait le nôtre ? Et puis ce camp était plein de souvenirs, des centaines, peut-être même des milliers de Français y étaient morts, parmi eux, plus de cent vingt de nos camarades du premier convoi de Juillet 1943. En outre, nous laissions derrière nous les malades de l'infirmerie, dont Delestraint. Les médecins chargés des soins restaient aussi pour la plupart. Qu'allait-on faire d'eux ? Nous étions assaillis par toutes sortes de pensées: mais que faire ? Suivre, avec les autres et attendre les événements. J'étais devenu très fataliste. Et puis j'étais en bonne forme.

Le voyage fut plutôt heurté. Le train souvent stoppé: des bombardements sans doute, des voies coupées. Je me rappelle, à la gare de Stuttgart, le train s'arrêta plusieurs heures: les Alliés bombardaient mais la gare fût à peine touchée. Les gardiens sur le quai, fébriles, nous auraient bien quittés pour se mettre à l'abri, mais ils n'osaient pas. De jeunes allemands appartenant à la "Hitlerjugend" se déployèrent sur le quai, une fois l'alerte terminée. L'un d'eux demanda aux gardiens ce qu'il y avait dans ces wagons.

Quand ils apprirent que nous étions des déportés : *« Donnez-nous en un, qu'on lui fasse la peau ! »*

Je n'ai pas tout compris, mais l'un d'entre nous qui parlait bien l'allemand, nous l'a traduit. Les gardiens refusèrent. Je me rappelle un Rochelais qui, auprès de moi, tremblait comme une feuille.

Enfin nous arrivâmes à Dachau. Nous fîmes trois kilomètres à pied pour gagner le camp. Là, ce fut l'inévitable attente, la fouille, la désinfection. Tous, nous changeâmes de numéro : le mien qui était 4502, se transforma en 102 433.

Dachau était un grand camp et déjà quantité d'autres camps venaient y déverser leur contenu. Nous sommes repartis presqu'aussitôt pour Allach. À pied. Douze kilomètres.

J'avais réussi à passer quelques dessins griffonnés par Gayot : certains, je crois, servirent à faire son album sur le Struthof. Naturellement, je ne quittais pas Gayot d'une semelle, autant que possible nous restions ensemble.

Allach

Là, on nous installa dans un camp pour mille personnes: c'est le camp de quarantaine. Les chefs de block du Struthof voient leurs fonctions reconduites: j'en connaissais quelques-uns, mon passage au magasin d'habillement m'avait ouvert beaucoup de portes, dans bien des blocks. Et puis, le temps aidant, j'étais devenu un des anciens du camp. Cette équipe de chefs de block comprenait quelques braves types, mais ayant perdu mon magasin d'habillement, j'étais retombé à zéro.

Pour la nourriture, de plus en plus nous étions réduits à la portion congrue. Gayot était comme moi et nous avions faim. N'ayant rien à faire, je parcourais, toujours accompagné de Gayot, le camp de quarantaine d'Allach. J'entrais dans les blocks, je serrais la main des chefs de block. Comme je connaissais les manies de ces gens-là, une idée me vint: faire décorer leur chambre par Gayot. Après que celui-ci eût peint la grande femme nue, dans une pose langoureuse, le chef de block l'introduisit auprès de ses collègues et lui procura même des couleurs véritables, aquarelle ou gouache. Gayot fit leur portrait aux uns et aux autres. Naturellement, il recevait pour cela un abondant supplément de nourriture qu'il partageait avec moi et quelques Charentais de son groupe. À , il vivait seul dans l'atelier de peinture. Bientôt, il y mangea et y coucha seul. Chaque soir, on s'y réunissait à trois ou quatre chez lui, jusqu'à l'heure du coucher. Il n'y avait plus de SS dans le camp, mais des soldats. Le principal travail de Gayot, pratiquement le seul, fut de peindre. Un gardien avait-il une femme, un chien, une maîtresse, il amenait une photo, donnait la couleur des yeux, des cheveux de la femme, du pelage du chien. Ces gens-là sont de grands romantiques. Les chefs de block en faisaient autant et il appartenait à Gayot de rendre de façon ressemblante les traits de ces êtres, personnes ou animaux: les chefs de block, internés depuis parfois plus de dix ans et plus, ne les avaient pas rayés de leur mémoire.

Pendant quelque temps, tous les N.N. de Natzweiler furent réunis dans le même block. Beaucoup de camarades avaient été expédiés dans divers kommandos ; manquaient également ceux de l'infirmerie, malades, médecins et personnel soignant. J'ai su qu'ils nous suivirent à Dachau. Je me trouvais séparé de Quittaud : je ne l'ai pas revu, malheureusement.

Avec moi dans le block, nombre d'anciens du premier convoi, Gayot et plusieurs de son groupe de Charente-Maritime : Victor, Joffroy, Fleuret. Nous mangions à la même table.

Notre tenue avait changé. Au lieu des vêtements ridiculement bariolés de Natzweiler, nous portions les tenues rayées communes à tous les déportés. Notre coupe de cheveux était particulière. Nous l'appelions "la strasse" (la rue). Le coiffeur rasait nos cheveux d'une ou deux tondeuses du front à la nuque, puis il rasait les côtés, laissant une légère crête de part et d'autre. Cette coupe, que nous partagions avec les Russes, nous distinguait des autres détenus, entièrement rasés.

Pour le travail, le hasard me servit : je fus mis au Hall 2, dans l'usine d'aviation où on nous conduisit. C'était une énorme usine avec plusieurs hangars. Mon rôle consistait à contrôler des soupapes d'aviation. D'énormes soupapes : elles mesuraient 20 cm de long et leurs faces avaient 9 à 10 cm de diamètre. Sans me presser, je me mis à contrôler ces soupapes. Je ne me souviens même plus en quoi consistait ce contrôle. Les soupapes vérifiées étaient rangées dans une boîte de carton.

Deux cents de ces boîtes étaient disposées dans une sorte de caisson. Il fallait quatre hommes pour soulever ce caisson, par quatre manchons qui dépassaient et le porter dans un autre atelier.

Contrairement à beaucoup d'autres, j'avais pu, durant les mois qui avaient précédé, me refaire une santé et reprendre des forces. Aussi, plusieurs fois, voyant un camarade faiblir sous la charge, je m'étais précipité pour prendre sa place. Un jour où deux porteurs fléchissaient, je me précipite et prends les deux manchons à moi tout seul. Ce n'était pas par zèle que je le faisais car, un caisson qui verse, c'est deux cents soupapes à revoir, à rejeter peut-être et c'était le bunker – la prison – pour les deux camarades. Or, le kapo était là, à deux ou trois mètres. Pas méchant ce kapo, un triangle rouge, un Allemand chargé de responsabilités, un Allemand détenu n'aimant pas les complications. Il ne manqua pas de remarquer mon intervention et me désigna comme travailleur de force. Chaque fois qu'un travail pénible se présentait, il m'appelait ainsi que cinq ou six autres. Après quoi je revenais à mon établi de contrôle. Dès le lendemain, j'eus droit à une ration de travailleur de force, à midi. Cela dura ainsi plusieurs semaines.

À côté de moi travaillait un S.T.O., on ne se parlait guère, car dans le fracas des machines, il aurait fallu hurler. Un jour, d'un geste, il me montre un tiroir : je l'ouvre et j'y trouve un morceau de pain. Je compris que ce n'était pas un salaud et que son mutisme venait de la peur de se retrouver à Dachau.

Pour nous rendre, il fallait emprunter un passage, une sorte de tunnel grillagé où nous passions en rangs. Les gardiens soldats, eux, passaient à l'extérieur. Cette espèce de tuyau était long de plus d'un kilomètre. Sa traversée s'effectuait plutôt joyeusement surtout si nous allions vers le repas du soir, plus consistant. On se racontait des histoires. Gayot m'en a appris plusieurs. Nous chantions aussi. Je me souviens que c'est là que j'ai appris la marche "Paris-Strasbourg", avec des paroles que je ne puis répéter ici !

Puis, je l'ai dit, Gayot ne vint plus à l'usine et resta au camp, dans son atelier.

Les jours devenant plus courts, nous rentrions au camp presque aux chandelles. Combien de fois, arrivant à l'angle de notre block, n'ai-je entendu un appel de Gayot :
« *Roger, ça va ?*
- *Ça va* » ai-je répondu et, les rangs rompus, j'allais rejoindre Gayot qui avait à chaque fois un peu de nourriture à me donner. Ainsi, je tenais le coup.

Les bombardements alliés avaient augmenté leur fréquence et leur intensité. Quand ils se produisaient en plein jour et que nous étions à l'usine, il fallait, sitôt l'alarme donnée, se regrouper et se rendre dans des souterrains occupés par d'énormes machines, et puis attendre. L'usine ne fut jamais touchée, semble-t-il. Quand les bombardements survenaient la nuit, il fallait se rendre block par block dans des abris souterrains.

Un jour, j'étais avec Gayot, juste après le souper, la nuit est déjà tombée lorsque l'alerte est donnée. Au lieu de se rendre dans un abri, je me glisse avec Gayot, tout contre la paroi d'un block et nous regardons, nous entendons aussi.

Le bombardement était sur Münich et c'était féerique.

Les fusées éclairantes, les explosions de bombes, l'éclatement des tirs de D.C.A., c'était extraordinaire. L'horizon rougeoyait, flamboyait, des incendies s'étaient allumés un peu partout dans la ville dont on devinait l'ampleur à la lueur aperçue.

Munich était peut-être à trente kilomètres d'Allach. Féerique pour nous, l'effet des bombardements devaient frapper les Münichois de terreur, de haine aussi peut-être.

Mais la guerre, c'est la guerre, ce n'est pas de la poésie, ni de de l'art, ni du romantisme.

J'ai ensuite répété plusieurs fois l'opération. Quittant la colonne qui se rendait aux abris, j'allais me placer au coin d'une baraque et j'attendais. Les éclats d'obus de la D.C.A. retombaient en pluie sur le toit des baraques, un peu partout. J'ai vu, de mes yeux vu, la sentinelle qui était obligée de rester et de monter la garde, s'écrouler brusquement : elle avait reçu un gros éclat sur le casque et le coup l'avait mis hors de combat. Cela, je l'ai appris le lendemain.

Retour à Dachau

Vint le jour où une note fut affichée dans chaque block. Il s'agissait de former un petit kommando pour aller à Sachsenhausen. Il était demandé aux mathématiciens de s'inscrire, un choix devait intervenir par la suite.

Moi, je ne tenais pas à partir : je suis au milieu de camarades éprouvés, Au camp d'Allach, on n'est pas maltraité, au moins au Hall 2. Après Natzweiler, Kochem, c'est un camp bien anodin. Évidemment, on souffre de la faim, mais moi, grâce à Gayot et aussi à ma qualité de travailleur de force, j'étais assuré de manger. Et puis le S.T.C. qui travaillait à mes côtés, m'avait bien mis en garde :

« Fais attention, ne retourne pas à Dachau ; il paraît que tout le camp est miné. Les SS feront tout sauter à la dernière minute. »

Je n'étais donc pas chaud pour retourner à Dachau. Il est vrai, que dans ce cas, il ne se serait agi que d'un transit.

L'argument déterminant fut le suivant :
« C'est entendu, pour le moment, nous sommes ensemble. Mais demain ? L'usine peut être écrasée par les bombes. Que fera-t-on de nous dans ce cas ? Au mieux, nous giclerons ici où là, séparés les uns des autres. »

Ce raisonnement tenu par Linet, Leroy et quelques autres, approuvé par Gayot, me décida : je m'inscrivis, persuadé que je n'avais aucune chance d'être retenu.

Une semaine se passa, le jour arriva où je fus gardé au block. Je suis conduit à une baraque. Se trouvent déjà rassemblés des Tchèques, des Roumains, des Polonais et un autre Français. En tout une vingtaine de personnes.

Des SS arrivent et nous interrogent : je ne puis parler que de ce que je sais. Il me fut demandé quelles études j'avais faites, dans quelle faculté et avec quels professeurs. Je répondis à ces questions. Les autres, je suppose, en firent autant de leur côté.

Deux jours se passent et le matin du troisième jour on me dit de rester dans le block et d'attendre. Puis on vient pour me conduire à l'entrée du camp.

Gayot a su que ce matin-là, j'étais resté au block. Il m'intercepte au passage, me demande saluer sa famille au cas où il ne reviendrait pas.

Nous nous disons adieu, dans une fraternelle accolade.

Dans le camion, nous ne sommes que deux : les deux Français, Caricaburu de Bayonne et moi. Il était instituteur et enseignait dans un cours complémentaire. Moi, à la rigueur, j'avais fait des mathématiques, j'étais licencié et j'avais concouru pour l'agrégation à plusieurs reprises.

Mais lui, comment avait-il fait pour réussir son examen de passage ? J'ai répondu, m'a-t-il dit, que j'avais étudié à l'Université Française. Cela avait donc suffi ? Je me suis attardé sur cet épisode car je le trouve exemplaire. Sur vingt candidats, dont plusieurs étaient probablement professeurs de Faculté ou Docteurs hautement qualifiés, qui, les SS ont-ils retenu ?

Les deux Français, et eux seuls !

La presse allemande et la radio traitaient la France de nation dégénérée, enjuivée, négroïde, etc... et cela à longueur de semaine.

Et cependant les deux candidats français, sur la foi de leurs déclarations, avaient été préférés aux autres candidats. Quelle éclatante contradiction dans l'esprit de ces gens-là, et quelle satisfaction nous avons ressenti !

Il fallut un quart d'heure pour arriver à Dachau.

Là, c'est le cérémonial classique : attente, désinfection, et changement de vêtements. À notre grande surprise, nous recevons des effets rayés, mais épais et neuf, des souliers en cuir. Nous n'en croyons pas nos yeux ; l'enfant ne se présentait pas trop mal. On nous conduisit dans une baraque de passage. Là, on nous désigna des lits dans un coin propre et isolé. Dans le reste du block grouillait une humanité sale, pouilleuse, malade. Aucune camaraderie entre les détenus. Du reste, nous sommes les seuls Français.

Deux heures après notre installation, on nous remit deux colis de la Croix-Rouge Internationale : à Allach, on ne savait même pas qu'il y avait de tels paquets. Sans plus attendre, nous nous y attaquons, mangeant une bonne partie de ce qui se mangeait.

Nous étions devenus camarades, Caricaburu et moi. Nous nous promettions de rester ensemble.

Seulement, l'homme ne dispose pas toujours.

Le lendemain, on vient chercher Caricaburu, qui part avec sa petite mallette qu'on lui avait rendue à sa sortie du camp d'Allach, mallette qui contenait le reste de son colis, mais aussi du mien.

J'espère qu'il reviendra, qu'il m'apportera ce qui m'appartient. En vain...

Caricaburu avait bien été embarqué pour Sachsenhausen.

J'attends deux ou trois heures, j'erre devant le secrétariat pour réclamer, j'hésite à entrer. Tout à coup, j'aperçois un Luxembourgeois de petite taille, que j'avais bien connu à Natzweiler et je lui explique ce qui m'arrive. Il entre au secrétariat et en ressort peu après :
« Caricaburu est parti, et toi, tu es toujours N.N., et tu dois rester à Dachau. »

Je restais donc là, habillé de neuf, ce qui faisait tout-à-fait insolite parmi ces gens déguenillés.

J'étais revenu à Dachau le 2 décembre 1944, j'en suis reparti le 18 janvier 1945. Entre-temps, j'ai changé de block plusieurs fois, mes vêtements neufs forçaient le respect, les chefs de block me prenant pour une personnalité, ne me demandaient aucun travail.

Je fus au block 7, puis je remontais au block 21. C'était partout le même aspect, des gens maigres à faire peur, avec des poux. Je tachais de demeurer aussi propre que possible, mais au bout d'un mois, j'étais devenu à cause de la nourriture offerte, aussi maigre que les autres. Mes vêtements commençaient à ressembler à ceux des autres détenus. Je ne me déshabillais plus pour me coucher, chacun en faisait autant.

Au block 21, j'ai rencontré deux Français : Jackson et Maurel. Je crois qu'ils sont morts du typhus. Avec eux, on pouvait parler.

Ils étaient les seuls Français du block.

Je ne sais pas pourquoi je remontais encore d'un cran, jusqu'au block 23. On approchait de la Noël 44. Quelle ne fut pas ma surprise et ma joie de voir arriver un jour, le général Delestraint !

On s'expliqua, chacun à son tour quel avait été notre destin depuis notre départ de Natzweiler. J'appris qu'il était parti avec les malades, deux jours après nous. À Dachau, on l'avait placé à l'infirmerie et il venait tout juste d'en sortir, guéri.

Le typhus commençait à sévir sérieusement, à l'infirmerie autant qu'ailleurs et mieux valait en partir quand on n'était plus malade.

Chaque jour, le général, en pleine forme faisait les cent pas dans l'allée, devant le block. Je lui tins compagnie plusieurs fois, mais au bout de peu de temps je dus abandonner car il marchait d'un pas rapide pour maintenir sa forme : je ne pouvais en faire autant. Nous avons parlé de beaucoup de choses, du recul des Américains dans les Ardennes, de la façon dont le service militaire pourrait se concevoir après la Libération. Pour ma part, je voyais un service militaire organisé un peu à la façon du scoutisme, avec des travaux utiles aux hommes.

Le soir de Noël, on apporta à Delestraint une assiette avec de la viande, des oignons frits, des pommes de terre. Il tient absolument à partager avec moi. Je refuse. Il insiste. Alors, sortant ma fourchette, je pique dans son assiette.

À vrai dire, je crevais de faim.

Le général ne resta pas longtemps. Il fut emmené dans un block de personnalités, me voilà seul à nouveau, au milieu de cette foule grinçante et glaçante,
où tout le monde a faim,
où personne ne parle,
où personne ne sourit.

Le block est malade, il est à la suite des autres frappé par le typhus. La dysenterie aussi est un fléau. Nous sommes sur des paillasses à moitié pourries, souillées, tête-bêche les uns contre les autres.

Tous les jours, six ou sept morts sont allongés devant la porte du block.

Un kommando spécial viendra les enlever dans ce bloc en quarantaine. Plus personne ne s'occupe de nous ! Si, un, Auboiroux, accompagné parfois d'un adjoint. Ces derniers temps, il vient presque tous les jours.

Je fais l'impossible pour sortir de ce block avant qu'il ne soit trop tard. Décidé à tout, même à partir dans un kommando où on déterre les bombes non explosées. Que m'importe le danger, au point où j'en suis ? J'en parle à Auboiroux :
« Vois Ragot, me dit-il, c'est un vieux copain, au secrétariat j'ai aussi quelques amis.
– Aide-moi à sortir de ce merdier ! »

Le temps passait trop vite, les cas de typhus augmentaient, la mort devenait envahissante.

Auboiroux me donna deux comprimés d'aspirine.

« *Croque-les, ça fait monter la température. On te prendra peut-être à l'infirmerie ?* »

Mais rien n'y fit. Auboiroux était un homme véritable, bravant le danger, le seul à être venu nous voir, nous apportant quelques paroles de réconfort, nous dire d'espérer.

Et enfin, le miracle se produisit. Tous les valides sont rassemblés dans l'allée, à la porte du block. Passe un kapo, qui en choisit huit ou dix, dont moi. Nous sortons du block et rejoignons des groupes venus d'autres blocks: nous voilà partis dans un camion non bâché. Il faut un froid de canard et nous sommes là, une cinquantaine, blottis les uns contre les autres.
Où allons-nous ?
Mystère !

C'est ainsi, que transis de froid – il faisait moins 10° – nous arrivons au camp d'Augsbourg-Pfersee, situé dans les faubourgs de la ville.

Augsbourg - Pfersee

J'ai donc quitté Dachau ?

L'épidémie de typhus, déjà implacable au départ, s'est étendue et c'est à bon droit que, me semble-t-il, ces blocks de quarantaine prirent le nom de "mouroir". Il paraît que dans le block 23 que je venais de quitter, tout le monde finit par mourir.

La coiffure d'Allach, que nous appelions la "strasse", avait disparu. Du reste le coiffeur ne passait plus au block 23, depuis début janvier.

J'avais donc passé un mois et demi à Dachau, et qu'en ai-je gardé ? Un souvenir odieux, de crasse, de vermine, d'excréments, de mort.

Personne ne riait plus, chacun attendait la mort, sauf si la chance de partir en kommando se présentait.

Il est 19 heures quand grelottant de froid, nous débarquons à Pfersee. C'est un immense hall, 200 mètres sur 80. Il est divisé en blocks et je suis affecté à l'un d'eux. On cherche à se grouper entre Français et je m'intègre dans un groupe de six camarades d'infortune. J'apprends que leur travail – et demain ce sera le mien – se situe dans une usine d'aviation à huit kilomètres de là. On y va par un petit train. Il y a deux équipes qui se succèdent. Ceux qui restent au camp le jour, dorment, et vont travailler la nuit. Ceux qui travaillent le jour, rentrent le soir et passent la nuit au camp. Nous devons être en tout, deux mille déportés.

Le premier jour, rien à manger. Le lendemain, pas de travail. J'en profite pour faire une toilette complète, car j'ai ramassé des poux dans le camion. Revenant du lavabo, j'aperçois une silhouette qui me semble connue et j'appelle : « *Maurice !* »

L'homme se retourne et c'est bien Maurice Diefenthal, dentiste à Natzweiler, que j'ai connu. Ici aussi, il est dentiste. Nous bavardons dans une allée latérale, nous échangeons quelques banalités et aussi quelques souvenirs. Survient un gars immense. Diefenthal l'arrête et lui dit :
« *Tu vois, c'est un Français de Natzweiler, arrivé en juillet 43.*
- Quoi ? Il en reste de vivants, de ceux-là ? » répond le géant.

Il me regarde, réfléchit et me dit : « *Attends-là !* »

Et une minute après, il m'apporte une boule de pain entière. « *Tiens, c'est pour toi !* »

Cet homme, un allemand "triangle vert", je l'avais aperçu au Struthof, il avait le n° 6 et il ne frappait pas. Ici, à Augsbourg, il s'occupait du magasin d'alimentation, une planque extraordinaire.

Pour moi, cette boule de pain, c'était une sorte d'hommage à notre calvaire qui avait duré près de trois mois au Struthof.

C'était aussi un précieux supplément que je partageais avec les Français qui faisaient équipe avec moi. Diefenthal me mit également en relation avec un Sarrois, nommé Falkus, un très brave type parlant parfaitement le français et très favorable à nous. Je crois que, par la suite, il s'est installé en France et a pris la nationalité française.

C'est avec optimisme que j'envisageais la suite.

Le soir, une sorte d'examen des aptitudes eut lieu. Je m'annonçais comme ingénieur des chemins de fer. J'eus à lire un dessin, à me servir d'un pied à coulisse et de divers instruments. Le lendemain, j'étais affecté à l'usine, au contrôle des pièces d'aviation.

Le départ se faisait à trois heures du matin, le petit train nous amenait à l'entrée de l'usine située à huit ou dix kilomètres du camp. Je travaillais dans un atelier de contrôle. Un civil allemand dirigeait ce kommando ; il était tout le contraire d'amical ; il cherchait la petite bête et aurait voulu de nous, de moi en particulier, un travail tout à fait sérieux, comme si l'usine eut été nôtre. Cela ne pouvait guère aller comme ça.

Le soir, je retrouvais mes camarades, on absorbait notre maigre pitance et on s'endormait. La vie était pénible à cause de la durée du travail, des levers trop matinaux, des longues marches qu'il fallait faire lorsque la voie du petit train avait été bombardée.

Malgré tout, c'était quand même supportable. Par contre, quelle pouillerie ! L'équipe de nuit venait occuper dans la journée la place de l'équipe de jour. L'un partait au travail, l'autre en revenait et couchait sur la couchette qui venait d'être abandonnée. Aucune précaution, aucune hygiène. Et que de vols aussi ! On volait les pantalons, les chaussures, tout. J'ai vu des déportés obligés d'aller au travail avec des souliers occasionnels, semelles cassées, les leurs ayant été volées pendant la nuit.

Moi-même, un matin, en me réveillant, je ne retrouve plus mes souliers.
Que faire ?

Me faufilant sous les lits, je finis par trouver, par voler une paire de chaussures pointure 42 au moins, alors que je chausse du 39. Le propriétaire étant à l'infirmerie, il n'y avait que demi-mal à le voler, il restait couché.

Tout le monde souffrait de la faim. Du reste, toute l'Allemagne commençait à connaître le goût des restrictions.

J'eus quelques difficultés du fait d'un civil, le "Meister" qui dirigeait l'équipe. Brutal, hostile aux Français, rageur parce qu'il comprenait bien que la défaite approchait, il faisait tout ce qu'il pouvait pour me vexer, m'obliger à partir. Et moi, je faisais tout ce que je pouvais pour rester à ce poste où l'on travaillait assis.

Un jour tout de même, je fus éliminé de ce kommando, mais ce ne fut pas de son fait.

Le typhus ?

La maladie seule m'obligea à m'aliter. C'est la première fois que j'étais malade dans les camps.

Me sentant abattu, fatigué, je me présentais à l'infirmerie. Le thermomètre indique 38°, température prise sous le bras. Ce n'est pas suffisant pour être admis à l'infirmerie. Le lendemain, j'avais 38°5 et on m'accorda du repos. Le soir, j'avais 39°, Maurice Diefenthal qui était là, intervint et me fit admettre à l'infirmerie.

J'y rentrais avec la mention "grippe", mais je crois que ce n'était pas la grippe. J'avais terriblement mal à la tête, encore plus au foie. À Diefenthal qui venait me voir tous les jours, je disais :

« Écoute, Maurice, fais-moi évacuer sur Dachau. Là, on m'opérera, on m'enlèvera le morceau de foie qui ne va pas et après, ça ira. »

Déjà, je n'avais plus ma tête. Il me donnait un comprimé de loin en loin et quelques bonnes paroles.

Et puis j'ai sombré dans une sorte de délire qui a duré plus d'une semaine.

Ce que j'ai fait à ce moment, je ne le sais pas.

Inutile de dire, qu'incapable de me lever, n'en ayant pas du reste l'intention, perdu comme je l'étais, ma couche devint infecte.

J'étais un grabataire, mais un grabataire qu'on ne soigne pas. J'ai vu mourir autour de moi plusieurs malades. Enfin, vers le quinzième jour de maladie, je me sentis mieux, les idées plus claires. Je décidais d'aller aux W.C. J'y suis parvenu avec peine, tanguant d'un côté de l'allée à l'autre, me raccrochant au bâti des lits superposés.

J'étais rentré à l'infirmerie le 5 février et on était le 19. Levé une première fois, j'ai continué. Chaque jour, j'allais mieux. Là-dessus arrive un colis de la Croix-Rouge Internationale. J'ai mangé dans la même journée presque tout son contenu.

Regardant ma feuille de maladie, j'ai vu que plusieurs fois j'étais monté au-dessus de 40°, même j'ai poussé une pointe à 41° et je précise, température prise sous le bras.

Je vis le secrétaire de l'infirmerie avec qui j'échangeais quelques mots. Tout excité, il me montre son registre, où, le 17 février, il y avait un numéro souligné d'un trait rouge :
« Ce jour-là, nous nous proposions d'enlever ta dépouille et de l'envoyer à Dachau, mais tu n'étais pas encore mort » me dit-il.

Personnellement, je n'ai jamais eu l'impression que j'allais mourir. On ne m'avait pas dit quelle avait été ma maladie.

L'épidémie qui sévissait alors était le typhus, je pense que je l'ai eu. Je le pense d'autant plus que, convalescent, je fus mis en quarantaine dans une sorte de cage grillagée que je partageais avec six autres anciens typhiques. Cet isolement dura trois semaines.

Depuis mon entrée à l'infirmerie, des paquets de la Croix-Rouge étaient arrivés pour les Français. L'un me revint alors que j'y étais encore. Comme je vous l'ai dit, j'en mangeais aussitôt l'essentiel, le reste je le mis sous ma tête.

Le lendemain, mon colis avait disparu sans que je ne m'aperçoive de rien.

Un deuxième colis arriva pendant que j'étais en convalescence, j'allais le chercher et aussitôt remonté sur ma couchette je mis à mal une bonne partie de son contenu.

Je l'avoue, je n'ai pas songé à partager. Pourtant le camp était plein de camarades repliés de Buchenwald et d'autres lieux, leurs yeux, leurs regards auraient dû éveiller en moi un sentiment de fraternité. En moi, rien ne s'est ému, ni éveillé. Comme eux, j'étais maigre et affamé. Ayant comme tous les Français du kommando reçu un colis, c'était une chance, et, si près du but, je ne voulais pas la laisser passer.

Je déplore cependant cette attitude égoïste de quelqu'un qui ne pense qu'à son estomac.

Si l'on compare avec notre comportement de Natzweiler, la solidarité du pain, la solidarité au travail, on est bien obligé de l'avouer: vingt mois de régime concentrationnaire ont laissé leur marque, émoussé notre sensibilité, éteint en partie notre sentiment de solidarité.

Le chocolat

C'est ici qu'intervient "Chocolat", le chef de camp, un détenu que nous avions ainsi surnommé. C'était une sorte de colosse brutal, primitif, un "triangle vert" de surplus. Le ravitaillement du camp devenait précaire et Chocolat, par crainte de la faim, entendait prélever sa part sur chaque colis arrivé, le chocolat de préférence, d'où le surnom.

Après avoir mangé une partie de mon colis, j'avais confié le reste à Maurice Diefenthal afin qu'il le mette à l'abri du vol. C'était sans compter sans Chocolat, qui le soir même, à 21 heures, provoqua un appel général.

Pendant cet appel, il chargea quelques hommes de sa suite de fouiller sous les paillasses et de piller les paquets. Mais leur échappent les paquets des Français au repos dispensés d'appel. Alors la grande carcasse de Chocolat entre avec fracas dans la salle de convalescence. Il fait descendre tout le monde et retirer les paquets de sous les paillasses, mais sous la mienne il n'y a pas de paquet.

« Ton paquet ! hurle-t-il,

– Pas de paquet, dis-je,

– Où l'as-tu mis ? », fait-il avec des yeux d'une cruauté telle que j'en ai froid dans le dos. Il est capable de tuer d'un coup de poing pour moins que cela.

Il faut en finir car il y a plusieurs minutes que je suis sur la sellette :

« Je l'ai remis au dentiste, dis-je,

– Alors va me chercher le dentiste ! » fait Chocolat à un de ses hommes.

Vingt secondes après paraît Diefenthal, très calme.

« Donne le paquet ! hurle Chocolat,

– Je ne l'ai plus, je l'ai déposé chez Falkus. »

Falkus était le secrétaire du camp, aussi puissant que Chocolat, beaucoup plus intelligent. Chocolat renonce.

Je venais d'avoir eu une peur terrible.

Attente sous les bombes

La quarantaine finie, j'ai repris le chemin de l'usine, mais les choses avaient changé, les bombardements s'étaient intensifiés sur Augsbourg et sa région. C'est ainsi qu'un après-midi, juste avant la fin de ma convalescence, la ville fut bombardée. En pareil cas, tous les détenus valides étaient rassemblés et, poussés par les gardiens et kapos, ils avaient à parcourir près de trois kilomètres pour aller se réfugier à bonne distance de la ville. Mais les malades et les convalescents étaient dispensés de cette marche forcée. Je restais au camp cet après-midi là. J'étais las, fataliste et je ne bougeais pas de ma couchette.

Et les bombes commencèrent à tomber : incroyable ! Mon couvert resté à la tête de mon lit, est littéralement aspiré, gamelle, cuillère et fourchette. J'ai bien retrouvé ma gamelle et ma cuillère, mais jamais ma fourchette. Les bombes tombent tout autour du bâtiment. Je risque un œil et je vois que la caserne des SS, juste en face, est sérieusement touchée. Il s'en échappe de la fumée et des flammes. Très vite les ambulances arrivent qui évacuent les SS morts ou blessés. Les vitres du hangar ont été soufflées et ne tiennent que parce que le verre est armé.

Le train et l'usine n'ont pas échappé aux bombardements quasi-quotidiens. La voie ferrée, la gare sont touchées, de sorte qu'il faut faire à pied, une fois sur deux, le trajet jusqu'à l'usine.

À partir du mois de Mars, à raison de trois colis par mois, nous recevions des colis de la Croix-Rouge. Les Russes ne recevaient rien et ils devaient voler pour manger.

Veniez-vous de toucher un colis ? En revenant vers votre couche, vous étiez brusquement bousculé, déséquilibré et votre colis disparaissait. Tombé à terre, des mains avides l'avaient saisi et il passait jusqu'à l'extrémité opposée du hall.

Le mal était irrémédiable.
Du reste, les Russes nous avaient bien prévenus :
« *Heute Abend, Franzonen, Packet, viel zabrili.* »
Ce qu'il faut traduire ainsi :
« *Ce soir, les Français recevront des paquets ; beaucoup de vols !* »

Nous m'allions plus chercher nos paquets que par groupes de cinq. Un au centre portant les paquets, quatre camarades formant le carré autour de lui, armés de gourdins. C'était le seul moyen de ramener les paquets à bon port. Aussitôt installés sur la terrasse supérieure, toujours à cinq formant un cercle, nous mangions tout ce qui pouvait se manger. Laisser quelque chose en attente équivalait à le perdre.

Le laisser en garde au block de la cantine ?

C'était Chocolat qui se servait.

Un soir, nous étions en cercle au sommet des lits, bien protégés des voleurs éventuels, du moins le pensions-nous. C'était sans compter sans l'astuce des Russes.

Brusquement, les trois étages de couchettes superposées s'effondrent, nous tombons à terre avec les restes de notre festin. Nous nous relevons, mais déjà des mains agiles ont raflé l'essentiel de ce qui restait. Rattraper nos voleurs ? Il n'y fallait pas compter, ils travaillaient en bande parfaitement organisée et, en outre, ils étaient d'une agilité incroyable pour se glisser entre les paillasses.

Cette forme de larcin était fort désagréable à celui qui la subissait, mais cela représentait une sorte d'exploit sportif. Et puis, les Russes nous avaient prévenus.

Beaucoup plus traîtres étaient les Polonais. À chaque carrefour, Augsbourg s'ornait de croix, de monument de piété: à chaque fois qu'ils passaient devant, les Polonais se découvraient et se signaient. Cela ne les empêchait pas, à peine le repas du soir distribué: du pain et une rondelle de saucisson, de venir vous chiper le pain ou le saucisson dans votre main et de s'enfuir dans la masse des détenus. J'ai été possédé de cette façon une fois, mais pas deux.

C'était bien la peine de se signer ? À moins que ce geste ne leur ait conféré l'indulgence pour les fautes à venir ? Qui sait ?

Chaque soir, plusieurs vagues de bombardiers venaient déposer leurs chargements sur l'Allemagne. Augsbourg était visé au moins une fois par semaine et je dus, comme les autres partir sous bonne garde dans les bois. Bousculés par les kapos, par les SS retrouvés pour la circonstance, par les camarades que l'on poussait par derrière, il fallait parcourir près de trois kilomètres avant de pouvoir s'arrêter et s'asseoir. On attendait alors, la fin de l'alerte. Une fois, nous sommes restés dans les bois de 23 heures à 4 heures du matin et le lever se faisait à 4h30. Épuisant. Heureusement les bonnes nouvelles nous réconfortaient: nous savions que les Soviétiques approchaient de Berlin, que les Américains avaient franchi le Rhin.

Un soir du mois d'Avril, un détenu allemand nommé Martin s'approcha de moi et me dit en français:
« Tu sais que la fin est proche. Qu'est-ce qu'on va faire de nous ?

Je n'en sais rien. Es-tu décidé à agir, à te défendre en cas de besoin ?

- Bien sûr, mais avec quoi ?

- Je sais, poursuivit Martin, *qu'il y a un dépôt d'armes sous le hall ; s'il y a danger, il faudra s'en emparer, tirer sur les SS, les tuer. Discrètement, parles-en à quelques camarades sûrs. Nous sommes quelques-uns bien placés dans le camp, le moment venu, nous agirons. »*

Quelle était la part de fable dans ces propos ?

Le dépôt d'armes devait effectivement exister, mais je ne l'ai jamais vu.

Martin est tombé malade du typhus, il délirait quand nous avons quitté le camp.

Nous avons appris l'assassinat du général Delestraint, le 19 ou 20 avril 1945. Ce fut une limite de désolation poignante lorsque j'appris comment il était mort : une balle dans la nuque.

S'il était revenu, bien des choses, en France, auraient peut-être été différentes.

Une automitrailleuse suffit à nous libérer

Nous avons quitté le camp le 22 avril 1944.

C'est vrai que depuis quelques jours on entend nettement le canon. Les bruits les plus divers circulent:
va-t-on nous fusiller tous ?
Va-t-on partir ?

Les pronostics vont bon train. La nuit du 21 au 22 avril, les "nachtistes" rentrent inopinément vers deux heures du matin. Gros émoi dans le hall où près de quinze cents personnes cohabitent et s'interpellent.

Je vais voir Maurice Diefenthal, que sait il ?
« On va probablement partir, me dit-il. Les malades restent là, les convalescents aussi, Moi, je pars. Sur la route, il est impossible de réaliser le massacre de tous les détenus. »

Aussitôt, je décide de partir avec lui. Je rassemble tout ce que je peux de vivres. À onze heures on distribue la soupe, ce qui est contraire à toutes les habitudes. À midi, c'est le rassemblement. On renvoie à l'infirmerie bon nombre de détenus trop faibles, les autres sont formés en centaines. Nous partons. Nous sommes à peu près un millier.

Tous les kapos, dont Chocolat, sont transformés en "volkssturm". Les voilà armés d'un fusil, ce qui donne à réfléchir. Mais à part Chocolat et quelques séides, les autres "volksstrum" ne sont pas à redouter. Très vite d'ailleurs, on se rend compte que l'escorte de soldats n'a pas l'air animée de mauvaises intentions. Et nous marchons: les convoyeurs sont devenus débonnaires. Ils nous font pousser de longues plateformes lourdement chargées par des sacs de soldats. Il faut à peu près quarante hommes pour les faire avancer et l'allure est lente. Nous cantonnons dans des hangars au premier village. Nous avons à peine parcouru dix kilomètres.

La nuit, Chocolat, avec cinq de ses complices, s'enfuient. Il craint sans doute des représailles.

De ce fait, Falkus, l'ami de Maurice, devient le chef des détenus de la colonne. Le lendemain, la marche reprend, fort lente. Nous n'avons touché aucune nourriture.

Nouvelle halte ce soir-là, et nous recevons un peu de pain et quelques pommes de terre. Nous allons vers le sud-ouest.

D'autres évasions se produisent parmi les "volkssturm", également parmi les soldats de l'escorte.

L'espoir grandissait de survivre, car s'enfuir désormais était une chose relativement aisée et surtout le bruit des canons se rapprochait. N'empêche que nous étions tous sur nos gardes: avec les soldats allemands, on ne sait jamais.

Le 26, nous avions atteint un petit village coquet, mais de la nourriture il n'y en avait pas pour nous. Le chef qui commandait l'escorte ne put rien obtenir des villageois.

Le 27, avec une très petite ration de pain, on nous établit dans un bois à pente légère. La ration est vite avalée et nous attendons.

Nous aurions pu nous enfuir, mais nous sommes tenaillés par la faim, et puis nous sentons que quelque chose se prépare. Hier, le canon tonnait de partout. Le village était sur le point d'être encerclé, et ce matin c'est chose faite certainement, car le bruit du canon s'éloigne vers l'est.

Vers 14h30, une fusillade se fait entendre juste à l'autre extrémité du village, dont nous sommes à moins de deux cents mètres. Pourquoi tire-t-on ? Sur qui ?

Nous n'avons vu refluer aucune troupe allemande, se battrait-on sans soldats en face ?

Soudain, vers 15h, une sorte de frémissement parcourt la masse des détenus. Beaucoup se lèvent, descendent d'un pas hésitant vers le village, le mouvement s'amplifie.
On entend quelques cris :
« Les voilà ! »

Avec Maurice Diefenthal et quelques autres, nous nous étions allongés en haut du bois, près de la forêt plus épaisse. Ceci en cas d'une fuite, fort improbable, mais sait-on jamais ? Dans la situation où nous étions, l'improbable pouvait vite devenir le nécessaire.

Aux cris poussés, nous nous dressons. Tout le monde court vers l'entrée du bois et j'aperçois enfin un soldat américain au pied d'une automitrailleuse.

Les soldats allemands qui nous escortaient sont mains en l'air, désarmés, résignés. Quelques-uns manquent : ils se sont enfuis dans la forêt.

Les détenus courent, sautent, s'embrassent, pleurent.
J'en ai la gorge serrée.

C'est tellement simple et tellement grand, tellement contraire à ce qu'on prévoyait.

Quelle minute! Une automitrailleuse a suffi! Le miracle s'est opéré.

Nous voilà libres!

À qui n'a pas assisté à cet élan de mille personnes, mille squelettes vivants courant vers la liberté, il manquera le souvenir d'un spectacle extraordinaire, inoubliable.

Désormais, pour moi, l'expression "Debout les morts!" a un sens concret.

Le village, déserté par les habitants, fut aussitôt visité. Nous avions faim, un magasin d'alimentation regorgeait de provisions, de beurre, de fromages, d'œufs: tout fut enlevé. Dans le village libéré par les Américains, les habitants revenaient peu à peu mais ils ne dirent rien et je crois qu'ils firent aussi bien!

On a mangé à s'en rendre malades. Il paraît même que certains en sont morts.

Personnellement, j'ai gobé cinq œufs d'un coup et mangé un fromage: dans l'heure qui suivit j'étais pris de coliques et de diarrhée. Cependant, je pus gagner le village de Schwabmünchen, déjà libéré par les troupes américaines.

Schwabmünchen

C'est la localité désignée pour notre regroupement. Nous restons à peu près sept cents, dans ce gros village, sept cents hommes qu'il a fallu loger, nourrir et aussi soigner. Les Français se regroupèrent dans une maison bourgeoise, avec un immense grenier. Il fallait une direction pour le contact avec les troupes américaines.

Nous étions trois capables d'assurer ces contacts, ayant un peu d'autorité parmi les camarades déportés: Diefenthal, Falkus et moi, et aussi un certain Travers, nouveau venu, qui se présentait colonel. C'était peut-être vrai, mais pas sûr du tout.

En accord avec les autorités américaines, tous les déportés furent logés.

Quant à la nourriture, il fallut faire nous-mêmes les réquisitions. Au début, cela clochait un peu, mais après quelques jours le ravitaillement général était assuré.

J'ai le regret de le dire: les responsables de l'armée américaine, probablement parce qu'ils n'en avaient pas les moyens, ne firent rien pour nous aider, ni pour la nourriture, ni pour l'état sanitaire des déportés. Nombre d'entre eux étaient malades et il fallait d'urgence les soigner. Une infirmerie de fortune fonctionna tant bien que mal pendant quelques jours.

Les malades les plus graves étaient envoyés à l'hôpital de la localité. Nous pensions qu'à l'hôpital, tout se passerait normalement, humainement.

Mais pas du tout! Un malade guéri sortit de l'hôpital et nous renseigna.

Alors que les blessés allemands, la plupart militaires, se prélassaient dans de bons lits, les déportés devaient se contenter de matelas posés à terre.

Avec Diefenthal, nous allâmes alerter le capitaine américain, qui, incrédule, nous accompagna jusqu'au "lazarett", et là, il vit. Les déportés étaient couchés à même le sol.

J'engueulais le médecin-chef, le traitais de salaud et, le prenant par la cravate, je lui criais :
« Si demain tous les déportés ne sont pas dans des lits, malheur à toi ! Il y a deux cents Russes qui viendront s'occuper de toi et faire ce tu n'as pas fait. »

Le lendemain, tout était en ordre, les camarades étaient bien couchés, quand aux soldats allemands blessés : ils étaient tous guéris. Au bout de quinze jours, une belle infirmerie fonctionnait pour nous. Tout le monde fut désinfecté.

Pour la nourriture, le bétail ne manquait pas. On allait le chercher et une équipe de cuisiniers improvisée faisait cuire, pas trop mal ma foi.

Il y eut des expéditions à la campagne. Quand on arrivait dans des fermes, la plupart du temps, tout était barricadé, la volaille rentrée, le bétail conduit dans des pâturages lointains. Ici où là, on trouvait bien à qui parler, un vieillard, une femme, à qui on annonçait nos besoins. À les entendre, il n'y avait jamais rien.

Nous sommes arrivés à des résultats satisfaisants grâce aux Russes : les Allemands avaient massacré tant de gens en

U.R.S.S. qu'ils redoutaient par-dessus tout d'avoir à faire à eux. Quand on refusait de satisfaire nos demandes de ravitaillement, il suffisait d'ajouter :

« Très bien, demain ce sont les Russes qui viendront. »

Et, aussitôt nous recevions ce que nous demandions.

Bref, après trois semaines, nous étions des hommes nouveaux, nos visages avaient repris leurs couleurs, presque leur fraîcheur.

Strasbourg, le Lutétia

Plusieurs délégations étaient passées nous voir, des journalistes surtout. Par l'un d'eux, je pus passer un mot à mon épouse.

Des femmes de la Croix-Rouge Française vinrent nous voir. Elles furent assez fraîchement reçues: les avaient-on vues se manifester au temps de la déportation ? Bref, elles repartirent, ayant assez vite compris que nous étions fermés à leurs bonnes paroles.

Une infirmière importante, la femme d'un général, réactionnaire en diable, s'écria écœurée:
« Mais ce sont tous des communistes ! »

Tous communistes, certainement pas, mais tous révoltés, sûrement. Le temps passait, les malades continuaient à mourir malgré les soins reçus à l'infirmerie. Nous commencions à nous impatienter.

Le 27 mai, un mois jour pour jour après notre libération, un convoi automobile arriva. C'étaient des camions militaires et on nous embarqua.

Le 29 mai, nous étions à Strasbourg. Nous fûmes examinés par des médecins, logés dans un hôpital et il fallut attendre.

Le 31 mai au soir, on nous transporte à la gare et on nous met dans un train. De Strasbourg, on nous orientait dans la direction que nous avions choisie.

Avec Maurice Diefenthal et une douzaine d'autres libérés, nous partons donc et le lendemain, 1er juin, nous arrivons à Paris.

On nous transporte à l'hôtel Lutétia, centre d'accueil des rapatriés, on nous y loge pour la nuit.

C'est là que j'ai rencontré Daragon, celui qui m'avait précédé à la cellule 355, à Fresnes.

Le lendemain, j'allais chez ma tante Medevielle, avenue du Maine, pour avoir des nouvelles des miens.

Non seulement elles étaient bonnes, mais mon épouse était là. Au reçu de ma lettre, elle était accourue à Paris où elle attendait depuis plusieurs jours et, même en me voyant pas venir, elle se disposait à repartir le soir même.

On imagine ma félicité d'avoir retrouvé ma femme en bonne santé.

La santé était bonne également pour toute la famille.

Il n'y avait pas d'homme plus heureux que moi.

On était le 3 juin 1945 et le 5 juin, nous rentrions à Saint-Étienne.

Que retenir de ces presque six ans passés dans ce que j'ai appelé mon "itinéraire" ?

Ici, il s'achève, ce récit de faits réels qui me sont arrivés pendant les six années, de septembre 1939 à juin 1945.

J'étais un petit-bourgeois quand je suis parti pour la guerre, un petit-bourgeois de naissance, de formation et de pensée. Je l'étais encore après mes évasions. En réalité, j'étais un brave garçon, honnête, pas trop bête, mais j'étais presqu'aveugle quand il s'agissait de juger la société.

Je ne m'intéressais qu'aux autres petits-bourgeois, recherchant leur société, partageant leurs joies : concerts, théâtres, voyages, visite de musées. Cela suffisait à ma vie égoïste, profondément égoïste, pour dire la vérité.

Quoi, il y avait tout autour de nous une classe ouvrière qui produisait toutes les richesses de la nation ?

Et je ne m'en préoccupais pas. Je l'ignorais totalement, sauf pour de grandes manifestations. Je n'avais jamais réfléchi à la condition de vie des ouvriers.

J'avais pourtant été socialiste, au Parti S.F.I.O. mais on ne m'y a rien appris, rien demandé non plus.

Après mon évasion, j'avais trouvé par chance un appartement fort convenable dans une maison bourgeoise de construction récente, 11, rue des Creuses, à Saint-Étienne. Et là encore, occupé à ravitailler ma famille, occupé de Résistance, je n'avais aucun contact avec la classe ouvrière.

Cependant, une chose me fit sérieusement tiquer : j'ai déjà parlé de Baugé, un responsable important du mouvement "Combat", qui vint me voir à plusieurs reprises et qui est mort à ce qu'on m'a dit, au cours de son interrogatoire par la Gestapo. Il m'avait déjà désigné comme chef de l'Armée Secrète dans la Loire et m'avait dit :

« Vous comprenez, il va y avoir des parachutages. Il faudra planquer ces armes pour qu'elles ne tombent pas aux mains de ouvriers, il y aura des communistes, toute une population qu'il faudra maintenir dans l'ordre.

– Je vous suis mal, ai-je répondu, car pour moi, il n'y a qu'un adversaire à combattre et contre qui, il faut s'armer, c'est l'Allemand. »

Sans doute, abusé par l'appartement que j'occupais, avait-il pensé que j'étais anti-communiste, comme c'était nombre de résistants de "Combat" à l'époque, en automne 1942.

Déporté au camp de Natzweiler-Struthof, mêlé à une foule de déportés les plus divers, je ne fus pas long à m'apercevoir de deux choses.

D'abord, les communistes étaient les gens les plus lucides, les plus généreux, les plus fraternels aussi. Je les ai trouvés les plus efficaces, animés d'un sentiment très patriotique. Leur action fut, dès le début, très positive.

Par contre, les autres, plus ou moins affolés, luttaient en ordre dispersé. Ils subissaient, ils luttaient sans s'occuper des autres, sauf s'ils les connaissait déjà. Cela faisait de petits clans. Certains ont eu un effet négatif : je ne veux pas m'y arrêter, mais c'est une réalité. Au début, comme tout le monde, je faisais partie d'un clan, celui des Stéphanois arrêtés avec moi.

Quelques Lyonnais s'y étaient incorporés.

Mais le jour où Roger Linet appela chacun à la solidarité active pour secourir les malades, je me sentis heureux d'entendre cet appel. Je sentis que quelque chose de nouveau apparaissait. De ce jour, je me suis occupé de moi, bien sûr, mais pas seulement. Je me suis occupé aussi des autres, du collectif des Français. Tous, nous avions très peur, nous redoutions les coups, nous étions terrorisés. Mais de savoir autour de soi l'amitié des camarades, leur sollicitude et leur aide éventuelle, cela aidait à tenir. On tâchait de rester impassible sous les coups de trique, on ne pleurait pas, on ne criait pas, sauf exception.

Dès lors, chacun comprendra que, sorti vivant de cet enfer, mon choix fut vite fait.
Malheureusement il y eut un choix à faire :
– les Gaullistes inconditionnels se sont tournés vers De Gaulle,
–les socialistes ont ressoudé leurs rangs, très appauvris cependant,
– nombre de croyants ont été happés par la machine catholique, tant il est vrai que l'esprit religieux se renforce dans le cas d'un danger collectif, d'une guerre par exemple, le M.R.P. leur tendait les bras et ils ont cru bien faire en y tombant.

Moi, j'ai choisi le P.C.F. J'ai adhéré en 1945, mais j'étais déjà d'accord avec eux en 1943.

La première prise conscience, je l'ai dit, je la dois à Roger Linet.

Ensuite, travaillant ou faisant semblant, avec un communiste dont le nom m'échappe, j'ai discuté avec lui. Ce qui me troublait le plus, c'était le pacte germano-soviétique.

« Mais, petite tête – c'était une expression familière chez lui – *que voulais-tu qu'ils fassent ? Ils se savaient menacés par Hitler, environnés par ailleurs par un monde hostile. Ils ont cherché à conclure des alliances précises. Ils ont essayé avec la France et l'Angleterre. Il y eut de longues négociations à Moscou, mais jamais, ni de Paris, ni de Londres, on n'envoya à ces conférences des négociateurs ayant pouvoir de signer ces accords. Cela dura une bonne année. Au surplus, la Pologne s'opposait au passage des troupes Soviétiques sur son territoire. Finalement, c'est parce qu'elle avait besoin de la paix que l'U.R.S.S. a signé l'accord de non-agression germano-soviétique. »*

Voilà ce que m'expliqua cet ouvrier communiste, en insistant sur l'expression non-agression.

J'ai trouvé cette explication très claire, débarrassée des brumes que nos savants journalistiques savent entourer les faits.

Rentré presque un an après la libération de la France, j'ai trouvé un pays sérieusement divisé. L'unanimité qui était de règle sous l'occupation faisait place à des agressivités des plus dommageables.

Confondant les maquis de 1943, avec ceux d'août 1944, beaucoup de gens jetaient le discrédit sur l'ensemble des maquisards.

La presse envenimait les choses.

Évidemment, dans les maquis formés en août 1944, il y eut un trop grand nombre de collaborateurs soucieux de se blanchir. Il y eut aussi des provocateurs.

Ce sont eux qui se sont livrés à des exécutions expéditives après un jugement sommaire qui ressemblait davantage à un règlement de compte.

Mais les vrais maquis, ceux qui s'organisèrent dès le début de 1943, ont droit au respect de tous. Ces maquisards-là furent vraiment des soldats sans uniformes.

Pour ceux qui critiquaient, voire condamnaient l'action des maquis, le pas fut vite franchi pour attaquer les communistes : ils étaient l'ossature la plus solide de ces maquis, ils y étaient le nombre.

L'importance acquise par le P.C.F. sous l'occupation était fort gênante pour les trusts. Aussi une campagne de presse fut-elle déchainée contre lui.

Mais cherchez qui possède et qui manipule les journaux ?

Vous trouverez l'argent, la banque, les Hersant, les Amaury, les Del Duca.

Évidemment, ils ne sont pas là pour propager les idées de gauche, encore moins pour l'idéologie communiste.

Alors, ils entreprennent un travail de sape, ils mentent !

Ils appliquent la formule de Goebbels :
« Plus un mensonge est gros, plus il a de chance d'être cru. »

Que retenir de ces presque six ans passés
dans ce que j'ai appelé mon "itinéraire" ?

Du P.C.F., l'attaque s'étendit à l'U.R.S.S. Et pourtant ! Sans les sacrifices consentis par son peuple et par son armée, quel aurait été le sort de la France ? La France occupée pendant dix ans, pendant vingt ans ? Qu'en serait-il resté ?

Les prisonniers de guerre auraient-ils survécus ?

Quant aux déportés, pas un seul ne serait rentré.

La presse des trusts faisait bien sa besogne d'intoxication. Et le plus triste, c'est qu'elle le fit avec un succès certain.

Et les Allemands ?

Et maintenant, avant de conclure, que penser des Allemands ?

Ces gens-là sont souvent étonnants par leur force physique, leur santé et leur ardeur au travail. À Schwabmüchen, je les ai vus, à peine rentrés chez eux après le départ des Américains vers l'est, reprendre la truelle et s'employer à réparer les maisons endommagées par les bombardements des derniers jours.

Ils sont intelligents, mais habités par un complexe de supériorité incroyable et un orgueil national qui les entraîne vers des extrémités regrettables.

Nation forte, l'Allemagne emboîte le pas à n'importe quel chef qui représente l'ordre et la force et lui offre des chances de victoire.

Victoire économique, victoire militaire, pourquoi pas ? L'Allemand, dans une grande majorité, se laisse alors facilement encadrer, endoctriner, subjugué qu'il le soit, par l'homme fort.

C'est vrai pour presque tous les peuples, les Soviétiques avec Staline, les Chinois avec Mao, les Français avec De Gaulle, les Cubains avec Fidel Castro, etc. Mais pour s'en tenir à notre seul cas, les Français gardent leur esprit critique et ne tardent pas à remettre les choses en place.

Pour les Allemands, c'est différent. Autrefois, ils eurent Bismarck, puis Guillaume II avec ses prestigieux généraux et enfin Hitler qui les a pris en main, les a dominés, façonnés, jusqu'à les transformer pour une bonne part, en véritables tueurs.

Heureusement, l'U.R.S.S. a écrasé le nazisme. Heureusement aussi, une partie de l'Allemagne a rejoint le camp socialiste. Mais avec la R.F.A., l'humanité n'a pas fini de trembler. Avec l'aide américaine, elle est devenue la nation la plus puissante d'Europe Occidentale.

Le virus fasciste a, dans le même temps, repris de la vigueur. Et voilà que ce pays a maintenant des ambitions extranationales. Ne prétend-il pas, intervenant directement dans les affaires intérieures de l'Italie, de la France, interdire la formation d'un gouvernement de gauche dans ces pays ? On croit rêver.

Il est pourtant bien proche, le temps où le peuple et son armée sévissaient sur l'Europe, torturant sauvagement, brûlant des villages entiers avec leurs habitants, hommes, femmes et enfants. Dans les camps, ils ont torturé, assassinés froidement.

Qu'on ne vienne pas nous dire que la population l'ignorait !

À Augsbourg, la colonne qui revenait du travail en fin d'après-midi passait par des rues de la ville, avec des cadavres blêmes sur des traîneaux.

À Natzweiler, des femmes, femmes de SS probablement, ont assisté à la rentrée des déportés, mannequins ridicules pour les valides, colonne fantôme pour les Français. Elles voyaient l'état des cinquante blessés que ceux-ci transportaient à deux ou à quatre, tant à la sortie qu'au retour.

Voilà ces gens, je parle des fascistes qui n'ont pas, je conserve un espoir semble-t-il, mesuré leurs crimes, ni la masse de terreur et finalement de méfiance et d'hostilité qui s'est accumulée dans le monde et contre eux. N'en aura-t-on jamais fini avec ce complexe de supériorité dont souffre l'Allemagne et que recouvre exactement sa devise "Gott mit uns"?

Personnellement je conserve un espoir: celui de voir la R.F.A. emboîter le pas à la R.D.A. Un jour... Espoir vain, utopie? Sait-on jamais?

L'Italie peut avoir demain un gouvernement à majorité communiste. Il y a pour la France la possibilité d'avoir un gouvernement de gauche. Et, au-delà, un pays en entraînant un autre, pourquoi pas la R.F.A.? Je suis certain que les citoyens de la R.F.A. feraient des communistes extraordinairement efficaces. Hélas, on n'en est pas encore là!

Craignons auparavant une guerre épouvantable, une guerre ne laissant que désolation derrière elle. J'ai soixante-dix ans. Personnellement, je ne suis pas concerné: à cet âge notre vie est derrière nous, mais les enfants, les petits enfants, eux, sont concernés. Et c'est nous qui préparons leur histoire et leur devenir. Pas de gagnant dans une pareille guerre. Les rares survivants vivraient comme ils pourraient dans un monde dévasté où il n'y aurait que la misère à partager, que des ruines à habiter. Belle perspective en vérité!

Les moyens de destruction actuels sont tels qu'il faut tout faire pour qu'on ne s'en serve pas.

Mais le renouveau du fascisme, du nazisme, est trop évident dans le monde pour ne pas monter une garde vigilante autour de la paix.

Une fois suffit !

À vouloir renverser le cours de l'histoire, à vouloir revenir vers un passé révolu, on court tous les risques.

On ne revient pas en arrière, le passé est derrière nous, l'avenir est devant nous, et cet avenir s'appelle socialisme.

Roger Laporte
Argelès-Gazost (Lau-Balagnas) 1976

Repères biographiques

1906   Naissance à Orthez, le 26 décembre
Enfance en Gironde

1924   Bachelier

1927   Diplôme d'études supérieures

1933   Nommé professeur de mathématiques à Arras

1939   Mobilisé comme lieutenant en août

1940   Fait prisonnier à Pontarlier, le 17 juin
puis emprisonné à Besançon, Mulhouse et Colmar
Première évasion à Colmar, le 6 août 1940
Arrêté le 17 août
Deuxième évasion puis arrestation à Belfort
Troisième tentative d'évasion, le 26 septembre
Démobilisé en novembre
Nommé professeur de mathématiques à Saint-Étienne, lycée Claude Fauriel

1941   Entre au comité directeur du groupe de Résistance "93"

1943   Arrestation, le 3 février
Emprisonné à Saint-Étienne
Transféré et torturé au fort de Montluc, le 6 février
Transféré à Fresnes, le 5 avril
En convoi pour Rothau et le camp de Struthof Natzweiler, le 11 juillet,
déporté NN n°4502

1944   Transféré au kommando Kochem, près de Cologne, en mars
Retour au Struthof, le 9 avril
Transfert en septembre au kommando d'Allach près de Dachau,
déporté n°102433
Retour à Dachau, le 2 décembre

1945   Départ du camp, le 22 avril
Libéré, le 27 avril
Retour à Saint-Étienne, le 5 juin
Candidat sur la liste centre gauche des élections de la première Assemblée
nationale constituante, le 21 octobre
Rédige le texte du portfolio « *Le Struthof Natzwiller* * »
dessiné par Henri Gayot (Imprimerie Nationale)

1947   Devient conseiller municipal sur la liste (PCF) conduite par Claudius Buard,
le 26 octobre

1953   Réélu sur la liste (PCF) conduite par Michel Olagnier

1979   Décès, à Lourdes le 29 juillet

** "Natzwiller" (nom du village) qui aurait du être orthographié "Natzweiler" (nom du camp)*

Postface

Par Alex Clerino, en hommage à Roger Laporte...

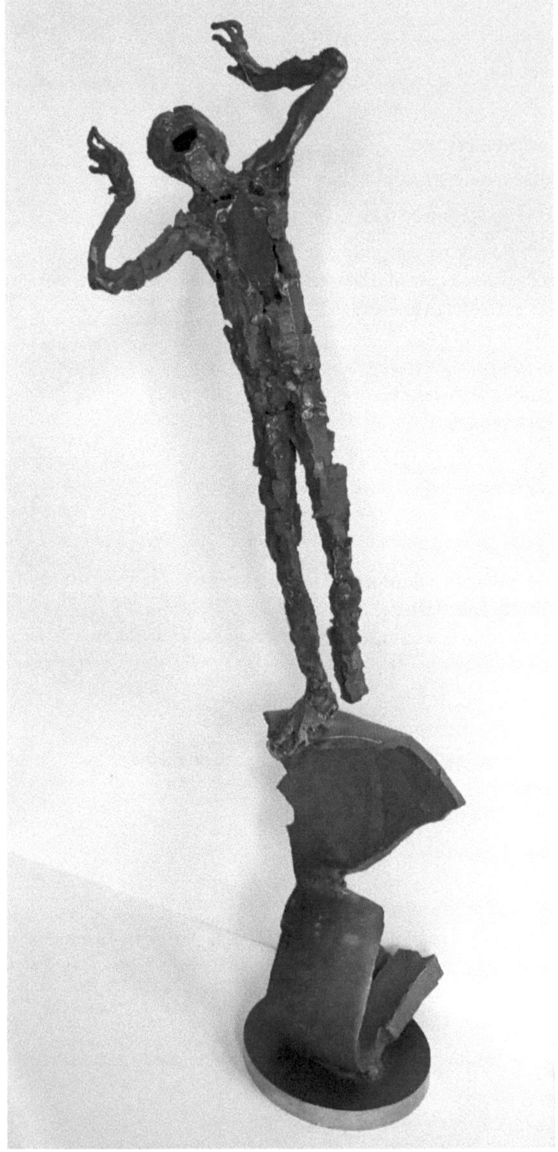

Statue à 99% en éclats d'obus - A. Clerino

« *Cri d'horreur, selon Munch, car les monstres sont encore et toujours là !* »

158

Statue réalisée en noyer et en éclats d'obus - A. Clerino

Voilà qui justifie l'Hitlérisme, « *car il n'y a au monde que deux manières de s'élever dans la vie ou par son propre mérite ou par l'imbécillité des autres.* »

La Bruyère, les Caractères - Des biens de la fortune, n°52.

Peinture - *A. Clérino 1994*

Détail - *A. Clérino 1994*

Table des matières